ANGELA ORAMAS CAMERO

I0088981

CEMENTERIOS Y LA *PALLIDA MORS* DE COLÓN

EDITORIAL LETRA VIVA
CORAL GABLES, LA FLORIDA

ISBN: 0989412520
ISBN-13: 78-0989412520

Printed in the United States of America

Agradecimientos por el empeño
en la publicación de este ensayo a
Pedro González Munné,
Lisette Leivas y
Juan Marrero.

A la memoria de mis padres,
Sotero Oramas Fleitas y
María Luisa Camero.

4443

ANGELA ORAMAS CAMERO

INTRODUCCIÓN

Cementerios y la Pallida Mors **de Colón**, publicado por la Editorial Letra Viva de La Florida, Estados Unidos de Norteamérica, 2013, amplia con abundantes detalles el título *Cementerios de La Habana*, que en Cuba vio luz editorial en1998, cuya investigación continúe durante 15 años por archivos, bibliotecas y otras fuentes de consulta de Cuba y España, con el feliz resultado del presente ensayo dirigido en especial a los lectores deseosos de historias, curiosidades y leyendas, como las que atesora el Cementerio Cristóbal Colón de La Habana. Precisamente, esta necrópolis es una de las cuatro más célebres del mundo, por su asombroso valor artístico.

Iniciamos la investigación por los entierros realizados en la antigüedad, como en Egipto y Grecia. Los sacerdotes egipcios creían que las almas se iban a la eternidad para su total purificación tras abandonar los cuerpos de los fallecidos, para lo cual embalsaman el cadáver, pues de este modo suponían que el alma, durante miles de años, se conservaría saludable en ese proceso llamado de purificación. Mientras que los antiguos griegos incineraban al finado con vistas a liberar el alma, para que ella muy pronto comenzara una nueva vida.

Describimos, también, los primitivos enterramientos efectuados en Cuba por los aborígenes hasta la colonización de la isla por España, cuando durante casi 300 años prevaleció la costumbre del cristianismo de las sepulturas en las iglesias, lo que tuvo término con la creación del primer Cementerio General de La Habana que llevó el nombre de su impulsor, el obispo Espada.

Se mencionan los exiguos camposantos de cierta importancia. También hay referencias sobre los cementerios Chino, Protestante y el de los judíos en Guanabacoa; en el último hay enterradas seis pastillas de jabón, hechas por los nazis con la grasa de judíos muertos en los campos de concentración.

Este título detallada las respectivas vidas y obras del obispo Juan José Díaz de Espada y Fernández de Landa y del gallego arquitecto Calixto Loira Cardoso, autor del proyecto *Pallida Mors*, así como la historia devenida en leyenda de Amelia Goiry, La Milagrosa, del Cementerio de Colón.

Espero que los lectores disculpen la pasión con que escribí este libro, cargado de informaciones novedosas, historia, anécdotas y emociones diversas.

La autora

ÍNDICE

ANGELA ORAMAS CAMERO

ANTECEDENTES DE LA ANTIGÜEDAD

*Polvo y sólo polvo
es cualquier hombre*

Todos los pasos conducen a la muerte y con el último se llega, según un vaticinio del pensador Miguel Eyquem Montaigne, trasmitido de pueblo en pueblo a través de las centurias. La vida y la muerte entrañan el más devastador misterio, se vive con tanta brevedad y nos lleva la muerte en un suspiro a la verdadera eternidad del silencio, ese sonido –el silencio-- que es el más brutal por experimentar mientras siga latiendo el corazón.

La costumbre de, por lo menos, alejar a los muertos de los vivos data de la era primitiva. Quizás la práctica de enterramiento comenzó con el objetivo de no dejar expuestos los cadáveres a la voracidad de los animales o para no tener que presenciar el repugnante acto de la descomposición, con lo cual se evitaba además la posible propagación de epidemias derivadas de la materia orgánica putrefacta.

Durante milenios, algunos pueblos prefirieron quemar los restos mortales y otros siguieron colocándolos sobre torres para banquete de los buitres. En esos tiempos remotos nacieron muchas de las voces que continuamos usando en la actualidad, como la palabra cementerio, que significa lugar de reposo y viene del latín *coemeterium*, derivada a su vez del griego *koimeterion*, puesta en boga en el siglo II de nuestra era (de n.e.).

Asimismo, los términos tártaro u hoya fueron sustituidos por *hipogeo o catacumba,* especie de cantera funeraria. A los hipogeos egipcios de Speos[1], Artemisa y Alejandría se les llamaron necrópolis, del griego *nekrópolis,* compuesta de *nekrós,* muerto, y de *pólis,* ciudad. Y, al montículo de piedras comenzó a llamársele monumento, voz nacida de *moneo*, que quiere decir avisar.

En esa época surgieron las pirámides, la palabra procede del griego *pyramis*, derivado del egipcio piem-us, cuyo significado es altura. La denominación del monumento lujoso Mausoleo, viene del nombre latino Mausolo, rey de Caria. Su esposa Artemisa, mandó a edificar una suntuosa tumba a los 153 meses de la muerte de marido, y en la construcción trabajaron los célebres artistas Fileas, Satiros, Escopas, Leocares, Briaxis, Timoteo y Pythis, que hicieron de esa pieza una de las siete maravillas de la antigüedad.

Los antiguos egipcios sometían el destino de sus muertos al fallo de un jurado y si estos eran ricos, se les embalsamaba y colocaban en fastuosos monumentos, pero si eran pobres o personas que se hubieran entregado al vicio, entonces los cadáveres

---

[1] **Speos**. Esta palabra en griego significa cueva. En Egipto el speos es la edificación fúnebre perforada en la roca, con la combinación de templo e hipogeo. Los speos datan de la antigüedad, construidos en terrenos escarpados del valle del Nilo. El más monumental es el Ramsés II, situado junto al de su esposa Nefertari. Más tarde se construyeron magníficos speos en la ciudad antigua de Nabatea. Petra, hoy Jordania.

eran arrojados a los tártaros.

Para muchos historiadores el verdadero origen de los cementerios se halla precisamente en el Egipto antiguo, cuando sus habitantes convirtieron canteros subterráneos en lo que llamaron hipogeos. El mayor de estos se edificó en Tebas, a la izquierda del río Nilo. Sus galerías se extendieron por colinas allende, con modestas entradas por los flancos, que daban acceso a su interior, por donde podían circular miles de personas. Gran número de momias, encontradas en estos hipogeos son mostradas en la actualidad en museos de Europa y América.

Pero los más ricos monumentos fúnebres corresponden a las famosas pirámides de los faraones, otra de las maravillas del mundo antiguo. Del grupo alcanzan la mayor celebridad los de Keops[2], Kefrén y Micerino.

La costumbre de usar las cavernas abandonadas, para el reposo de los muertos, también existió en Asia. A imitación de los mencionados hipogeos, los etruscos de Tarquinia[3] hicieron los suyos, los que recibían la luz por amplias ventanas y puertas abiertas en lo alto de las bóvedas. Los chinos, por

---

[2] **Keops.** Nombre dado a la pirámide más grande de Guisa, Egipto. Construida por el Rey Keops, es una de las 7 maravillas del mundo antiguo. Mide 147 metros de alto y 230 metros de lado.
[3] **Tarquinia.** Fue la capital etrusca. Este nombre también se le dio a una de las necrópolis de los etruscos. En el 2004 las necrópolis Cerveteri y Tarquinia fueron incluidas por la UNESCO en la World Heritage List por ser testimonios únicos y excepcionales de la antigua civilización urbana de época pre-romana, en Italia. Tarquinia fue la necrópolis de los Monterozzi y es famosa por sus tumbas decoradas, excavadas en la roca y accesibles a través de pasillos inclinados o escaleras. Una de las más famosas es la *Tombe della Leoneses* (tumba de los leones), construida en el siglo IV como cámara pequeña de dos aguas y está decorada con pájaros y delfines, en medio de escenas de la aristocracia etrusca.

su parte, colocaban a los difuntos en ataúdes acolchonados y les echaban utensilios para que pudieran atender, en especial, el cuidado de sus uñas.

Los babilonios y persas rociaban los cadáveres con petróleo, y los guanches, en Islas Canarias, los embalsamaban; los israelitas quemaban a sus muertos y los asirios los arrojaban a los ríos, mientras que los escitas los echaban al mar o sepultaban en la nieve.

Entre los germanos era tradición incinerar los cuerpos sin vida en piras alzadas para tal propósito; los etíopes preferían encerrar a los muertos en columnas de cristal, al tiempo que los griegos los inhumaban. En Atenas los enterramientos se efectuaban en sitios distantes de las poblaciones y quien pasara por el lado de un cuerpo insepulto debía echarle una piedra o cubrirlo con arena. Después, y bajo la influencia egipcia, Grecia construyó sus monumentos funerarios con el gusto propio de los helenos; un ejemplo es la necrópolis de Cierne, ubicada en una colina horadada de sepulcros y nichos de formas diversas.

Antaño los romanos sepultaron a sus muertos en las propias casas, *plus in domo sua quisque sepeliabatur.* Tal tradición fue proscripta, y según lo indicado en las *Doce Tablas*, se prohibía enterrar bajo tierra o quemar cadáveres dentro del perímetro de Roma. Se consideraba que quienes por fallecimiento ya no podían permanecer en la ciudad debían tener sus tumbas en el campo, a orillas de caminos, o en terrenos comprados para ese efecto. Sin embargo, son pocas las ciudades italianas que cuentan con antiguos y notables hipogeos, como los de

Agrigento, Siracusa y Nápoles.

En el período en que los cristianos fueron persegui-
dos, construyeron catacumbas, que les sirvieron de
refugio y que utilizaron además como templos y sitios de reuniones. La denominación catacumbas se
hizo extensiva a cualquiera excavación usada para
enterramientos. Esto explica, de cierta manera, la
posterior costumbre en Europa de sepultar en los
subsuelos de las iglesias lo que prevaleció hasta comienzos del siglo XIX, cuando se ordenó la construcción de las necrópolis alejadas de templos y ciudades y las sepulturas comenzaron a adquirir carácter
monumental en esa parte del mundo y luego en
América.

ANGELA ORAMAS CAMERO

PRIMITIVAS SEPULTURAS EN CUBA

Surgite mortuit et venite in judicium
(Reza en el Juicio Final)

Antes del llamado descubrimiento del Nuevo Mundo, en Cuba los aborígenes utilizaban las cavernas para sus ritos funerarios relacionados con el culto a los antepasados y posiblemente vinculados con las creencias totémicas. En el culto a los muertos se expresaba la complejidad de sus creencias sobre una vida después de la muerte.

En ocasiones los primitivos pobladores de la Isla sepultaban a sus muertos más de una vez, y en la mayoría de los actos funerarios usaban como ofrendas los adornos, las armas y los útiles de trabajo del difunto. Los cadáveres eran cubiertos con polvo de ocre rojo o eran depositados sobre una capa de conchas de moluscos univalvos nacaradas. También tenían la costumbre de hacer entierros por parejas, o colectivos; en estos últimos, los cuerpos se colocaban alrededor de un personaje central, con rango jerárquico en las ofrendas.

Las inhumaciones podían realizarse junto a los lugares de las habitaciones donde los personajes habían vivido y se efectuaban de diferentes formas: en posición fetal, decúbito supino y de decúbito prono, mientras que la orientación del cráneo se mantenía hacia el Este. Entre las ofrendas que se le ponían al muerto resaltan collares de cuentas hechas con vértebras de tiburón, colgantes líticos y de conchas, y piedras cordiformes.

Los indios taínos[4] inhumaban a sus muertos en *mounds* o terraplenes que construían con capas de tierra y caracoles, y en sus entierros se han hallado tiestos de barro y otros objetos. Los cuerpos sin vida eran sepultados con las piernas dobladas, tocando las rodillas el pecho. Para las inhumaciones los taínos seleccionaban lugares elevados, los *guanara,* que en su lengua significaba sitio apartado; además solían depositar los cadáveres en cuevas con las entradas clausuradas con grandes piedras.

Cuando inhumaban a un cacique lo hacían envolviendo el cadáver en un tira de algodón a manera de venda, desde la cabeza a los pies, y lo introducían en un hueco cavado en la tierra, revestido con palos para que el muerto no hiciera contacto con esta. A veces el cacique muerto era sentado en un banquillo, el dujo, colocado antes en ese espacio, y rodeado de sus joyas y objetos más preciados, así como de agua y casabe. En tanto permanece sin confirmación si este grupo aborigen, practicó también la costumbre de enterrar al cacique fallecido junto con las

---

[4] **Taínos.** El Padre de las Casas refiere que a la llegada de los españoles a Cuba hallaron tres tipos de aborígenes. Después rectificó y señaló un único complejo cultural, los taínos. Mientras José J. Arrom afirma que el origen etimológico de la palabra taíno deriva de tai, que significa noble, bueno. Los taínos tenían rasgos del mongoloide americano, que eran oriundos de América del Sur. Pertenecían al tronco lingüístico aruaco insular, y por tal motivo, la toponimia cubana está llena de sus voces: Cuba, Habana, Jagua, Camagüey, y entre las frutas, objetos y cosas encontramos los siguientes apelativos: guayaba, guanábana, ají, güira, anón, huracán, batey, bohío, etc.

esposas vivas, cuyo entierro debió cubrirse con troncos y piedras.

Los taínos dedicaban sus fiestas, los areítos, a sus antepasados. Eran de baja estatura, 1.58 m los hombre y 1,48 m las mujeres. Por su lado, el español de la época tampoco era mucho más alto que el aborigen de Cuba (Carlos V media 1,58 m). Creían en otra vida después de la muerte. En sus ceremonias *cohoba,* para tomar grandes decisiones, se sentaban los caciques y behiques sobre los dujos para inhalar el humo del tabaco, mezclados con polvos alucinógenos, por medio de un tubito u horqueta en forma de Y, colocada en los orificios de la nariz. Los taínos tenían rasgos del mongoloide americano (oriundo de América del Sur), y presuntamente, por razones estéticas se deformaban el cráneo.

Pertenecían al tronco lingüístico aruaco insular, por ello la toponimia cubana está llena de sus voces: Cuba, Habana, Jagua, Camagüey, y entre las frutas, objetos y cosas encontramos los siguientes apelativos: guayaba, guanábana, ají, güira, anón, huracán (el ídolo de la tempestad), batey, bohío, etc. El ají era el ingrediente preferido en la condimentación de la comida taína. Nunca los españoles oyeron ladrar a los perros domesticados por los taínos, por eso dijeron que se traba de perros mudos.

El proceso de transculturación de los aborígenes, entre los recién llegados y los asentados con anterioridad, fue particularizado por la unificación. Ello explica la existencia de poblaciones donde se mezclaron dos grupos de aborígenes, ciboneyes y taínos, por lo cual no es correcto decir que los taínos convirtieron en sus esclavos a los ciboneyes, según las investigaciones recientes.

Antropólogos, arqueólogos, investigadores e historiadores coinciden en señalar que la presencia del hombre en Cuba es mucho más antigua de las estimaciones hasta hace unos años. Advierten que 10 mil años antes del arribo de Cristóbal Colón a la Isla, el 28 de octubre de 1492, ya se encontraban en Cuba los primeros pobladores. Mientras que la respuesta científica de los estudios de la contemporaneidad afirman que la presencia del hombre en el continente americano data de 40 a 50 milenios.

Entretanto, son revisadas las cifras de los aborígenes encontrados por los españoles en Cuba, quienes las estimaron entre 60 000 y 100 000 habitantes. Cálculos recientes superan aquellos y las establecen alrededor de 200 000 individuos. Las comunidades aborígenes de Cuba se enmarcan junto a las caribeñas desde la etapa próxima al octavo milenio antes de nuestra era (a.n.e.). Es a partir del 500 a.n.e que se establecen en Cuba tipos diferentes de aborígenes, presuntamente oriundos, en mayoría, de la Península de la Florida y del Valle del Mississippi. Ellos trajeron a Cuba: maíz, yuca y tabaco.

El sacerdote Bartolomé de Las Casas, Cronista de Indias, clasificó tres tipos de aborígenes: guanahatabey [5], ciboney y Taína. Los primeros mencionados,

---

[5] **Guanajatabey.** Así se le denominó a uno de los grupos aborígenes más antiguos de Cuba, al cual también se le identifica como guanahatabey (cronistas del pasado sugieren que guanahatabey quiere decir salvaje). El proceso de transculturación de los aborígenes, entre los recién llegados y los asentados con anterioridad, fue particularizado por la unificación. Ello explica la existencia de poblaciones donde se mezclaron dos grupos de aborígenes, ciboneyes y taínos, por lo cual no es correcto decir que los taínos convirtieron en sus esclavos a los ciboneyes, según nuevas investigaciones.

construyeron para sus muertos caneyes, donde colocaban los cadáveres estirados cubiertos con capas de
caracoles. De los ciboneyes también se sabe poco. Se
cree que ellos disecaban los cadáveres de los caciques y sus huesos eran conservados en estatuas de
madera huecas, a las cuales se les daba el nombre
del difunto.

ANGELA ORAMAS CAMERO

LOS ENTIERROS EN LAS IGLESIAS

¡El que tiene oídos,
oiga lo que el Espíritu
dice a las iglesias!
(Del mensaje a Esmirna.
Apocalipsis. La Biblia)

Con el inicio de la colonización española en América, la Iglesia Católica puso bajo su control el destino de los enterramientos de los cadáveres de los nativos y de ellos mismos, es decir de los españoles.

Así fue trasladada a todas las villas fundadas en la isla de Cuba, la añeja costumbre de la Península de sepultar en las iglesias, que se prolongó alrededor de tres siglos. La tradición que correspondía a lo dispuesto en las célebres partidas del monarca Alfonso X, el Sabio (1252-1284), fue abolida a mediados del XVIII por la política del Despotismo Ilustrado. Posteriormente las autoridades civiles la restablecieron y se continuó su práctica hasta poco antes del siglo XX.

Siguiendo esa tradición, en San Cristóbal de La Habana, se comenzaron a realizar enterramientos en la Parroquial Mayor, el primer templo edificado en la ciudad, de embarrado y guano, próximo al puerto de Carenas, destruido por los piratas en 1538. Doce años después lo volvieron a construir con un cementerio tapiado, con la puerta frente al costado de la nave colateral de esta iglesia. La sacristía de la Parroquial se destinó a las inhumaciones de los sacerdotes y dueños de ingenios. Al ser removida en 1834 la base de la Plaza de Armas, se hallaron huesos pertenecientes al cementerio del primitivo templo.

La segunda iglesia de La Habana fue la del Espíritu Santo (1635), en la cual también se efectuaban inhumaciones, al igual que hacía en la del hospital San Juan de Dios, en el atrio del frontispicio de la iglesia del Santo Cristo del Buen Viaje (1640), antiguamente llamado Humilladero; en la del convento de Santo Domingo (1578), fueron sepultados el capitán general Juan Antonio Tíneo y Teresa Chacón, primera condesa de Casa Bayona; en el convento de San Francisco reposaban los restos del obispo Laso, muerto el 19 de agosto de 1752; en la iglesia de Santa Teresa, se dio sepultura al prelado Compostela[6], el 29 de agosto de 1794, y en la iglesia de Jesús del Monte, hubo el primer enterramiento con el cadáver de la negra Arará María, esclava de Juan del Pozo, el 26 de noviembre de 1693.

En las iglesias de La Habana se destinaron diez tramos para los enterramientos, y cada uno tenía

---

[6] **El obispo Compostela.** Diego Evelio de Compostela fue el primer obispo gallego que tuvo Cuba. Nació en Santiago de Compostela, Galicia, en 1635. Llegó a La Habana el 17 de noviembre de 1687. Se le debe el impulso para la fundación de la Casa Cuna que costó 3000 pesos y la construcción de unas 20 iglesias, tres de ellas en la calle habanera que lleva su apellido, Compostela. Hizo mucho por los pobres y le llamaron *Padre Santo*. Vivió hasta los 69 años de edad. Cuando le celebraron el velorio, hubo que poner guardia alrededor del féretro para impedir que el numeroso público que asistió desprendiera botones y otros objetos de sus ropas, tomadas como reliquias sagradas. Fue enterrado en la iglesia de Santa Teresa, en La Habana Vieja, el 29 de agosto de 1704.

diferente valor monetario, en correspondencia con la posición y el rango social del finado. El primero, inmediato a las gradas del altar mayor, costaba 137 pesos oro con cuatro reales; también en este tramo eran inhumados los niños por diez pesos oro. A los mulatos y negros libres se les enterraba cerca de la puerta del templo o detrás del coro, por dos pesos, en tanto que los esclavos eran sepultados detrás del coro por ocho reales, y los niños negros, mulatos e indios libres en el espacio comprendido entre este y la capilla, por dos pesos oro y ocho reales. Por abrir sepulturas para adultos se pagaban 12 reales y para párvulos seis.

Los pobres de solemnidad, los que no podían pagar, eran inhumados en los uveros, el pudridero, en la antigua hacienda de los Frías en el litoral de San Lázaro, sitio donde después fueron sepultados los extranjeros no católicos que morían, a partir de 1832. Debido a los continuos azotes de epidemias y al aumento de la tasa de mortalidad, en las estancias cercanas a la ciudad se habilitaron terrenos para las inhumaciones, sobre todo de los pobres.

San Cristóbal de La Habana se había transformado en una "ciudad pestilente" al decir de los visitantes, entre ellos, Alejandro de Humboldt, que la consideró una de las menos aseadas de América, debido a sus calles fangosas, estrechas, poco ventiladas y con olor a carne asada y tasajo. No existía el servicio de recogida de basura y los insectos hacían ola por doquier; las callejuelas, por la escasez de piedras, se hicieron con palos de madera preciosas como la caoba.

Nada tenía de extraño el frecuente azote de epidemias como la fiebre amarilla, dengue y el cólera que provocaban alarmantes aumentos en las tasas de mortalidad; la cifra de los fallecidos, cada año, superaba muchas veces el índice de treinta mil vivos y llegó a pasar los 57 mil. Era inminente la necesidad de construir un cementerio de gran capacidad.

El 2 de febrero de 1806, las iglesias habaneras, los primitivos cementerios de la población, pusieron fin a la costumbre medieval practicada desde hacía tanto tiempo.

EL OBISPO ESPADA

...promovió la felicidad de Cuba
(José de la Luz y Caballeros)

El 16 de octubre de 1799 falleció en La Habana el obispo de la diócesis Felipe José de Trespalacios y Verdeja. En España se estudiaba su sustitución y para cubrir la vacante el rey Carlos IV, por Real Cédula de 3 de mayo de 1800, presentó al papa Pío VII la candidatura de Juan José Díaz de Espada y Fernández de Landa.

Espada había nacido el 20 de abril de 1756, en Arroyate, provincia de Álava, parte vasca de la Península Ibérica. Durante 16 años estudió en los importantes centros culturales de Salamanca, y a la edad de 26 años, inició la carrera sacerdotal, al ser ordenado presbítero por el Obispo de Segovia. Como cura ejerció 11 años. Fue confesor y predicador con licencia absoluta en Salamanca, Calatrava y Plasencia, abogado de los reales consejos y fiscal general del obispado de Plasencia. En 1792 le nombraron provisor y vicario general de la abadía en el territorio de Villafranca, de Vierza.

En Cuba el interés pedagógico de Espada por modernizar los estudios filosóficos tuvieron como antecedente, precisamente, su período de profesor en Villafranca. Fue persona muy ilustrada, amiga de las artes, gran defensor de los humildes y protector de la salud del pueblo. Tenía cuarenta y seis años cuando se hizo cargo de la silla episcopal de La Habana, el 25 de febrero de 1802. Ese año lo nombraron socio honorario de la Sociedad Económica Amigos del País[7], de la que más tarde, en 1803, fue su director.

Pronto Espada se convirtió en la figura más influyente de la sociedad y bajo su obispado en Cuba durante treinta años, promovió importantes reformas económicas, sociales, políticas y culturales. Seleccionó para su grupo de colaboradores a brillantes eclesiásticos cubanos, todos guiados por el deseo común del progreso de la Isla.

El grupo llevó a cabo una reforma filosófica en el Seminario San Carlos, y entre sus integrantes figuraron: José Agustín Caballero, Juan Bernardo O'Gavan y Félix Varela[8]. A ellos se unieron entre otros talentosos intelectuales: José Antonio Saco,

---

[7] **La Sociedad Económica Amigos del País.** Fue inaugurado a comienzos de 1793 por intelectuales, hacendaros y comerciantes. Sus asociados tuvieron como primordial objetivo promover la agricultura, el comercio y la crianza del ganado. La Institución también fomentó la industria popular y la instrucción de la juventud. Fundó el Papel Periódico y abrió la primera biblioteca de Cuba. Su primer presidente fue Don Luis de Las Casas y Aragorri, Capitán General de la Isla y Gobernador, entre 1790-1796.

[8] **El presbítero Félix Varela.** Fue el iniciador de la ideología de la independencia cubana, educador, político sagaz, filósofo, periodista y, hasta el final de su vida en el obligado exilio. Desde su periódico El Habanero sostuvo que Cuba debía ser independiente tanto de España como de los Estados Unidos, la que debían alcanzar los naturales de la isla. También se opuso a la esclavitud. De Félix Varela, afirmó José de la Luz y Caballero que fue "el primero que nos enseñó en pensar". José Martí lo definió "patriota entero". Por sus ideas, la Corona de España lo condenó a muerte y en San Agustín, La Florida, murió en la pobreza en 1853. Había nacido en La Habana en 1788. Sus cenizas reposan hoy en el Aula Magna de la Universidad de La Habana.

José de la Luz y Caballero, Nicolás J. Gutiérrez y Tomás Romay. De tal suerte se dotó el movimiento que formaría la juventud ilustrada habanera bajo la sombra protectora del obispo Espada. A él sus enemigos le acusaron de haber creado condiciones para la destrucción del catolicismo en Cuba[9]. Pero Espada fue católico sincero que mostró interés porque en la sociedad habanera participaran sacerdotes cubanos cultos, lo cual chocaba con el pensamiento medieval del clérigo español.

En el Edicto de Campanas, Espada eliminó los toques ostentosos que anunciaban el nacimiento del bebé de cuna aristócrata o el fallecimiento de un acaudalado personaje, dio calor a la creación de la Escuela Normal para la preparación de los maestros de la Isla, y apoyó fervientemente las medidas sanitarias llevadas a efecto por el médico cubano Tomás Romay, entre ellas las vacunaciones masivas contra la viruela[10].

Setenta y seis años vivió Espada y durante dos décadas padeció de un cálculo en la vejiga, sufrió dos pulmonías y se le obstruyeron arterias cerebrales, para morir de apoplejía, el 13 de agosto de 1832.

---

[9] **El Obispo Espada.** Juan José Díaz de Espada y Fernández de Landa, culto y con ideas ilustradas y avanzadas, promovió en Cuba el movimiento intelectual y apoyó a los sectores más desfavorecidos de la sociedad. Se opuso a la trata y a la esclavitud. Fue acusado de masón, hereje e independentista y contra él tanto el Vaticano como la Corona de España iniciaron juicios para su excomunión y encarcelamiento. Murió en La Habana en 1832.

[10] **El médico Tomás Romay y Chacón.** Nació en La Habana el 21 de diciembre de 1769; introdujo en Cuba la vacuna antivariólica y antes de vacunar a la atemorizada población, lo hizo con sus hijos y logró obtener la confianza del público en la prevención de la terrible enfermedad que asolaba La Habana. Participó activamente en todos los proyectos científicos y culturales de su época.

Fue un entierro acompañado por una multitud nunca antes visto en las calles habaneras y en el cementerio de Espada, como esta necrópolis ya era llamada por el pueblo. Su cuerpo embalsamado fue colocado en un sarcófago llevado hasta el sepulcro sobre los hombros de jóvenes estudiantes de nivel superior. Su nombre quedó inscripto con amor en la historia del desarrollo del pensamiento económico, social, cultural y político cubanos.

El propio obispo Espada había padecido de fiebre amarilla, recién llegado a La Habana, y en conversación con su médico de cabecera, el doctor Romay, había prometido construir el cementerio general en la ciudad. Esto fue tal vez su primera motivación para edificarlo.

Espada fue "uno de los hombres que más ardientemente deseó y promovió la felicidad de Cuba", según José de la Luz y Caballero. Es recordado muy en especial por la fundación del primer cementerio general de La Habana.

ESPADA, PRIMER CEMENTERIO GENERAL

La muerte levanta seguro su voz para
también cantar a la vida
(Javier Morimón)

El 27 de enero de 1803, un año después de haber llegado a La Habana, el obispo Espada presentó una moción ante la Sociedad Económica de Amigos del País con vistas a la creación del cementerio universal, lo que representó un importante paso en la campaña de saneamiento de la capital, a la cual personalmente contribuyó, apoyado por su amigo y médico de cabecera el doctor Tomás Romay.

Asimismo, difundió una segunda pastoral de exhortación a los fieles de La Habana, sobre la necesidad higiénica de fundar un camposanto de gran capacidad para las inhumaciones, pues los espacios destinados en las iglesias para los enterramientos se hallaban totalmente ocupados.

La idea de Espada de construir un cementerio general fue impulsada por el gobernador y Capitán General de la Isla, el marqués de Someruelos[11], que

---

[11] **El marqués de Someruelos.** Don Salvador de Muro y Salazar, Capitán General de la Isla y Gobernador (1799-1812). Gobernó Cuba durante los años de la invasión napoleónica a España. En ese lapso se temió el estallido de una guerra entre España y los Estados Unidos. Expulsó de la Isla a agentes anexionistas enviados por el gobierno estadounidense, mandó a ejecutar al comisionado napoleónico Rodríguez Alemán. Bajo su orden fue ahorcado

escogió un terreno fuera de las murallas de la ciudad, frente al arsenal, cuya ubicación fue objetada
por las leyes de fortificación, pues no se permitían
edificaciones cercas de las instalaciones militares.
Más tarde se dio luz verde a los planos del Obispo
en lo cual participó el comandante de artillería
Agustín de Ibarra. Espada donó 500 pesos oro para
el pago del arquitecto que hizo los planos.

Como se acordó construir la necrópolis al fondo del
entonces hospital de San Lázaro, Espada mandó a
levantar un puente sobre el arroyo de San Lázaro y
construir un caño subterráneo para las aguas ne-
gras, también derramadas por la cercana Casa de
Beneficencia, además de orientar allanar el camino
hacia el cementerio. El costo de la obra en general
ascendió a 46 868 pesos oro y un real, de los cuales
Espada puso de su bolsa particular 22 231 pesos y
medio real

Mientras que la Capitanía General contribuyó con
la mano de obra presidiario. Pero, en especial, Espada había contado con la participación del doctor
Tomás Romay y Chacón a quien sugirió escribir su
Memoria sobre las sepulturas fuera de los pueblos,
impresa en 1805, y en la que se valoraban los beneficios que el cementerio general reportaría a la salud pública:

"La extensión de las parroquias no permitían [sic] que los muertos permanecieran

---

el negro libre José Antonio Aponte (1812), al descubrirse su cons-
piración a favor de la abolición de la esclavitud, la supresión de la
trata de negros y el derrocamiento de la tiranía colonial.

en sus sepulcros los tres años que Petit y
Chaptel aseguraron como precisos para que
los cadáveres se corrompieran por completo
… Por lo que a mi hace, en una ocasión salí
con las mayores ansias y fatigas de auxilia-
ría del Santo Cristo antes de concluir la
misa que oía; y no intenté volver a ella
hasta el día en que se enterró el cadáver de
mi amigo y profesor José Colleit, mas yo y
cuántos le acompañábamos nos retiramos
con precipitación desde la puerta: tal era la
fetidez que arrojaba el sepulcro que se había preparado…"

El aumento de los fallecimientos y la protesta por
el mal olor reinante en los recintos católicos, de
donde los restos de la clase adinerada eran trasladados a los osarios antes de la completa descarna-
ción de los huesos, contribuyó a que el obispo Espada tomara la urgente decisión de construir una
necrópolis de gran capacidad y alejada del centro de
La Habana, en el perímetro marcado por sus murallas. También se encargó de comprar a los dueños
del hospital de San Lázaro un terreno donde con el
de cursar del tiempo se trazaría la calle Marina, en
dirección oeste del citado centro sanitario, próximo
al hoy hospital Ameijeiras[12] y del litoral habanero.

---

[12] **Hospital Hermanos Ameijeiras.** Es el hospital llamado líder
de Cuba, ubicado en el municipio de Centro Habana, en la calle
de San Lázaro, donde estuvo la Casa de la Beneficencia, el Pabellón de Los Mendigos y la casa de Maternidad (1852-1950), y
ocupa un terreno que mide 35,500 m. Su torre es muy visible
desde el Malecón. Fue inaugurado en 1982. Su construcción se
inició antes de 1959, con miras al Banco Nacional de Cuba.
Ofrece gratuitos sus diversos servicios médicos, pues cuenta con
un multidisciplinario equipo de especialistas. Debe el nombre a los

El Cementerio de Espada, como el pueblo lo llamó en honor a su creador, se inició con la construcción del primer patio, los muros de circunvalación, el pórtico de entrada y una capilla. En el primer patio, Espada mandó a edificar una bóveda sepultura para él y demás obispos diocesanos que fallecieran en La Habana, así como otra para los gobernantes generales de la colonia.

La construcción abarcó parte de las hoy calles San Lázaro, Vapor, Aramburu y Espada, en el actual municipio de Centro Habana, duró un año (1805-1806) y en la fecha de inauguración la población de La Habana ascendía a 80 00 habitantes. En el camposanto solo se podían recibir 3 000 cadáveres al año, de manera que hubo que hacerle continuas ampliaciones, hasta que llegó a poseer cinco patios.

El 2 de febrero de 1806 se bendijo y abrió el Cementerio General de Espada con notable pompa. Los primeros restos llevados allí fueron el del gobernador Diego Manrique, exhumados de la iglesia de San Francisco, y el del obispo de Milasa, José González Candomo, que reposaban en la Catedral. Los primeros cadáveres enterrados directamente en esta necrópolis, el 3 de febrero de 1806, correspondieron al párvulo José Flores y a la negra Petrona Alvarado. Este cementerio funcionó 72 años.

Dos asuntos ocasionaron el rápido agotamiento de la capacidad de Espada, por un lado el crecimiento de la población y por otro las epidemias causantes de numerosos fallecimientos cada año. En 1853 los

---

hermanos Ameijeiras que cayeron durante la lucha clandestina contra el régimen de Fulgencio Batista.

habitantes ascendieron a 129,944 y los enterramientos en Espada ya superaban los 10 mil anuales. Ese año el cólera ocasionó 11,596 muertes.

Por algún tiempo el Cementerio quedo semioculto por el edificio del hospital de leprosos de San Lázaro, entonces ocupaba un cuadrilátero de 150 varas de norte a sur y 100 de este a oeste, cercado por una pared de mampostería con caballete de sillería. En los cuatro ángulos se levantaron sendos obeliscos que imitaban el jaspe negro, y se construyeron osarios en forma de pozos con la inscripción: *Exultabunt ossa humillata* (Desterrarán mis huesos humillados). Dos calles cruzaban en ángulo la planta cementerial, para convertirlas en cuatro cuarteles iguales; estas vías estaban embaldosadas con losas de San Miguel.

La capilla colocada al norte, tenía pórtico de cuatro columnas rústicas aisladas, con un frontispicio que ostentaba en letras de bronce dorado la leyenda en latín que expresa: "He aquí que ahora dormiré en el polvo. Y yo lo haré revivir en el día final" Todo el conjunto estaba rematado en una cruz de piedra.

Tanto el pórtico como el exterior del edificio se hallaban pintados de amarillo pálido jaspeado de negro. Las puertas del recinto eran de hierro con adornos de bronce que figuraban llamas. Sobre ellos aparecían estas palabras: *Beati mortui qui in Domino moriuntur, opera emimilorum sequnntur illos apoc* (Bienaventurados los muertos que mueren en el Señor, pues sus obras las acompañan).

El altar, aislado, era de una sola piedra de San Miguel, en forma de túmulo, con una grada del mismo material y encima un crucifijo de marfil con cruz de ébano. En el centro y detrás del altar se hallaba pintado El Juicio Final, de Perovani, y en la parte superior se observaba la figura de un ángel con una trompeta, de la cual partía la leyenda: *Surgite mortuit et venite in judicium* (Levantaos los difuntos y venid al juicio).

Encima de la puerta y de las ventanas estaban las imágenes teologales: Fe, Esperanza y Caridad, y en el resto de las paredes existían ocho matronas con los ojos vendados y un vaso de aroma en las manos. Mientras vivió Espada hubo una lámpara encendida en el pórtico, día y noche. Frente a este y contiguo a sus cimientos se construyeron ocho sepulcros de ladrillos con marcos de piedra de San Miguel y tapas del mismo material, con excepción de los dos principales que las tenían de mármol; estas tumbas se destinaron a los obispos, sacerdotes y capitanes generales.

Alrededor de las cercas y calles del cementerio se sembraron flores y yerbas aromáticas. La portada tenía cuatro pilastras de orden toscano[13], su forma era de arco de medio punto elevado en el ático, y estaba acompañada por otros dos arcos balaustrados. En la parte superior fue colocado una lápida con letras doradas: A la religión, a la Salud Pública. Año 1805. A un lado y al otro los nombres: Marqués de Someruelos, Gobernador, y Juan Espada, Obispo. También en el arco superior se instaló un grupo bronceado que representaba el tiempo y la eternidad con un vaso en el medio.

---

[13] **Orden toscano.** Es la aportación arquitectónica etrusca a las órdenes clásicas. Deriva del dórico. Se utilizó en Etruria, época anterior a la conquista de Grecia. Tiempo después fue incorporada y difundida por los romanos. La utilización del orden toscano fue habitual desde el siglo XV. Se caracteriza porque el capitel se conforma de tres piezas lisas y por el fuste, generalmente liso.

En la parte derecha de la puerta se pintó *La Religión*, con atributos, y a su izquierda, *La Medicina*. El ático terminaba con dos macetas de piedra, colocadas en los extremos de sus cornisas. La sacristía y las habitaciones del capellán y del sepulturero se hallaban a los lados de la portada. El atrio tenía al frente seis columnas de sillería con verjas de hierro y al centro una puerta del mismo metal: todo el espacio rodeado por verjas se convirtió en jardín que incluía dos almendros, uno por cada lado de la puerta de entrada, sembrados por el obispo Espada y el pintor Juan Bautista Vermay[14].

En total la extensión abarcada por el Cementerio de Espada fue de 43 215 varas cuadradas, dividida la superficie en cinco patios. José Ignacio de Castañaga y Mariano Rodríguez y Armenteros fueron el primer y el último capellán, respectivamente de este camposanto, en el que reposaban, al ser clausurado, 314 244 cadáveres.

El cierre de nichos y bóvedas se efectuó el 3 de noviembre de 1878 y el 3 de enero de 1901 se aprobaron los traslados de los restos reclamados por amigos y familiares, desde Espada hacia Colón. Hoy permanecen en Colón 101 piezas procedentes del antiguo camposanto de Espada.

---

[14] **Juan Bautista Vermay**. Fue el fundador y primer director de la Escuela de Pintura de Cuba, San Alejandro. Nació en Francia y falleció en La Habana, a los cuarenta años de edad. Alrededor de 1817 habían llegado a Cuba 30 000 franceses, quienes fundaron ciudades como la de Cienfuegos, introdujeron técnicas novedosas en el cultivo del café, y dejaron profundas huellas en la cultura cubana. La orquesta de la contradanza francesa es la base de la evolución de las típicas orquestas de Cuba.

ANGELA ORAMAS CAMERO

PERSONALIDADES
SEPULTADAS EN ESPADA

Levantad los difuntos y venid al juicio
(Sentencia del cristianismo)

Entre las personalidades del siglo XIX que fueron sepultadas en Espada se hallaban Francisco de Arango y Parreño, brillante intelectual, la marquesa de Casa de Calvo, los marqueses de Buena Vista, el gobernador y capitán general de Cuba Nicolás Mahy, el obispo Espada, cuyo cadáver embalsamado permaneció tres días a la vista pública en su casa de la calle Amistad, Tomás Romay, el célebre médico que murió el 30 de marzo de 1848, y Juan Bautista Vermay, fundador de la primera escuela de pintura de Cuba, fallecido a los cuarenta años de edad, enterrado al pie del almendro que él sembrara en este cementerio.

Además, alejados de los anteriormente señalados, fueron enterrados los cadáveres de Georg Weerth, famoso poeta alemán, amigo de Federico Engels y Carlos Marx, muerto de fiebre amarilla en La Habana el 30 de julio de 1856, sepultado en el patio destinado a los no católicos, además del gallego Isidoro Araujo de Lira y Alcalde, fundador del Diario de la Marina (1832), enterrado en el nicho 139 del quinto patio del cementerio, el 8 de mayo de 1861, tras morir en un duelo en Marianao con una persona con quien había polemizado por haber escrito un artículo en un periódico de Madrid en que cuestionaba la política de España en Cuba.

El Obispado había comprado un apartado para el enterramiento de los no católicos, en total 1 832 varas cuadradas en la zona que fuera cercada de mampostería en 1864, a lo largo de la cerca general del camposanto, desde el principio del tercer patrio y hasta la calle Espada, una faja de terreno servía para el acceso de los coches que tenían entrada por la calle Príncipe o Hamel. El mencionado apartado fue destruido cuando se presentó el proyecto de la calle San Lázaro, expedido el 7 de julio de 1877.

Auspiciado por el Gobernador y Capitán General Leopoldo O'Donnell, en Espada se construyeron los nichos en 1845. La alta aristocracia habanera comenzó a comprarlos; el primero del primer patio fue adquirido por el conde de Villanueva[15] para su cadáver, y compró dos más, uno para la esposa y otro para cualquier otra persona de renombre en la esfera social colonial.

Por lo tanto, a partir de aquel año fuera de las manos del clero, el negocio de los nichos de Espada prosperó controlado por la esposa del capitán general de la Isla O'Donnell, que vendía cada cavidad en cien pesos oro, no obstante ser el verdadero costo entre 10 y15 pesos oro. El jugoso comercio no pasó

---

[15] **El Conde de Villanueva.** Durante el segundo cuarto del siglo XIX asumió el cargo de superintendencia de Hacienda, el cubano don Claudio Martínez de Pinillos, conde de Villanueva. Dotó a La Habana del acueducto de 1832 e inauguró el primer ferrocarril de la capital cubana, el 19 de noviembre de 1837, con el tramo de La Habana a Bejucal, extendido un año después a Güines. De este modo, antes que España, tuvo Cuba su primer ferrocarril. El conde de Villanueva fue funcionario leal a España.

inadvertido para el nuevo obispo, Francisco Fleix y Solans, en cuanto ocupó el cargo de la diócesis de La Habana, pues tras declararlo "inmoral e indecoroso", lo puso bajo su mismísima administración.

Por ese concepto, Fleix y Solans dejó en el Banco Español la cantidad de 203 991 pesos oro con 17 centavos, poco antes de marcharse hacia Tarragona en calidad de arzobispo. Nunca se supo cuánto ascendió la cifra del dinero que, por el negocio del cementerio, se llevó en grandes baúles. Al partir, orientó desplazar la necrópolis hacia otro sitio donde se pudieran aumentar las bóvedas y nichos, y con ello tal comercio se haría más pingüe para la Iglesia.

El primer cadáver colocado en uno de los nichos fue el de Concepción Lanz Santa Cruz, el 14 de junio de 1845, y el último fue del asturiano de cincuenta y seis años de edad, Isidro Suárez, que procedía de la parroquia de Monserrate y ocupó el nicho número 60 del patio cuatro, el 1ro de noviembre de 1878. Es decir que después de suspendidos los entierros (1868), en Espada se continuó por algunos años sepultando en nichos y bóvedas.

Un año después del cierre de la necrópolis de Espada el terreno fue vendido y luego urbanizado. En esta zona donde hoy se levantan edificios y casas particulares, en la esquina de las calles Aramburu y Jovellar, aún existen restos de una pared con las marcas de nichos y una tarja en memoria del poeta Weerth, la cual contiene escrita la opinión de Engels: "El primero y más importante de los poetas del proletariado alemán". Este sitio es muy frecuentado por los visitantes extranjeros.

En diferentes lustros de aquel siglo surgieron otros cementerios de poca capacidad y duración.

ANGELA ORAMAS CAMERO

EXIGUOS CAMPOSANTOS DEL SIGLO XIX

Nacer y morir, binomio perfecto
(Mercedes Santos Moray)

El 21 de septiembre de 1817 se abrió el pequeño camposanto del Cerro, construido en la calle Sarabia, y el primer cadáver enterrado allí fue el del esclavo lucumí Apolonio del real Consulado.

Los pobres del Cerro y Mordazo comenzaron a ser sepultados en el segundo cementerio de esa localidad, en la parte de la ciénaga, a partir del 16 de diciembre de 1852 y hasta el 20 de agosto de 1860, cuando fueron suspendidas las inhumaciones. A finales del siglo pasado todavía se conservaron muros de este cementerio en la esquina de las hoy avenidas Boyeros y Puentes Grandes.

El 13 de noviembre de 1832 se autorizó a los ingleses residentes en la Isla, extensivo a los angloamericanos, edificar camposantos rurales para sus súbditos en las poblaciones donde existieran cónsules. Así fue construido el llamado Cementerio de los Ingleses, emplazado sobre un antiguo pudridero de los Uveros, en el camino hacia el río la Chorrera o Almendares, entre la costa y las actuales calles H, 5ta y acera este de la calle G, Vedado. Ocupaba un terreno de 200 metros de largo por 150 de ancho y se utilizó hasta el 23 de abril de 1864.

A la izquierda del antiguo Paseo de Carlos III, hoy Avenida Salvador Allende, entre la Calzada de la

Infanta y la vereda que conducía a la ermita de Monserrate y al parque de La Requena, se habilitó un terreno en la estancia de Aróstegui, donde estaban los molinos de tabaco, Molinos del Rey, para instalar el Cementerio de los Molinos, que ofreció el primer servicio el 27 de marzo de 1833 y fue clausurado poco tiempo después. Allí fueron inhumados 1 451 cadáveres.

Con relativa distancia de este se abrió el Cementerio de Atarés, el 20 de abril de 1850, en la falda suroeste del Castillo de Atarés. Al ser clausurado el 8 de noviembre de 1868, sus entierros sumaban más de mil cadáveres. Un año antes, el 19 de octubre de 1867, quedó inaugurado el Cementerio de Casa Blanca, en la estancia de San Nicolás que fue cerrado el 16 de abril de 1869 por agotamiento de su capacidad. En la misma finca y a unos metros del Castillo de la Cabaña, se emplazó el de Santa Teresa del Carmen, llamado también Cementerio Rural de Casa Blanca.

En el Cementerio de Jesús del Monte, enclavado en la falda de la loma y al fondo de la primitiva iglesia del mismo nombre, se efectuaron sepulturas entre el 23 de septiembre de 1823 y el 8 de febrero de 1878, aunque desde 1691 ya existía enterramientos en ese camposanto. Contó con una pequeña capilla que tenía al centro la bóveda para los curas. Al edificarse la nueva iglesia de Jesús del Monte, se tomó parte de sus terrenos.

Los cementerios Bautista y Chino

La vida es una mariposa en llamas,
un día se apaga
(Anónimo)

Al siglo XIX pertenecen también las construcciones de otras dos necrópolis de importancia sobre todo histórica: el Bautista y el Chino.

Por Real Orden de 6 de octubre de 1884 se autorizó el levantamiento del Cementerio Bautista, al cual daba acceso el camino de Mordazo, a través del Callejón de los Protestantes, próximo al camposanto de Colón, a ocho metros por el noroeste. Se fundó el 1ro de febrero de 1887 e inicialmente tuvo una extensión de un octavo de caballería de la finca Los Zapotes y otra medida caballería de la estancia Las Torres.

Este cementerio tuvo la superficie dividida en tres departamentos, cada uno dividido a su vez en cuartones, que fueron nombrados los de la derecha: Bóvedas, Tichonor, Adair, Rut, Ester y Belot. Los del centro: Stevard, Alfa, Mac, Donald, Hiller, Gama, Paraíso, Samuel y Josué, y los de la izquierda: Felipe Díaz, Alabamac, Delta, Porta, Paine, Díaz y Cuba. Cada cuartón con 120 fosas y estaban con sembrados de dalias en sus bordes.

La puerta de entrada se situó en el ángulo suroeste y la sostenían dos grandes columnas de mampostería, con dos hojas de tablas de pino. A ambos lados se hallaron los jardines de cien metros de longitud, con plantas exóticas.

A fondo de la parte izquierda se ubicó la capilla, en cuya pared posterior se leía la leyenda "Bienaventurados los muertos que mueren en el Señor" Detrás de la capilla se encontraban dos habitaciones: una oficina y un dormitorio. Todo el cementerio se cercó con pilastras de mampostería de 50 centímetros de ancho, y entre una y otra hubo una cerca de dos travesaños de madera con listones de la misma clase. Las cuadras y cocheras estaban a la derecha.

Todo el cementerio se cercó con pilastras de mampostería de 50 centímetros de ancho, y entre una y otra hubo una cerca de dos travesaños de madera con listones de la misma clase. Las cuadras y cocheras estaban a la derecha.

En el Cementerio Bautista el entierro se cobraba a cuatro pesos oro los adultos, y hasta dos pesos oro, los fetos. El primer cadáver enterrado allí fue el de María Gavina Valdés Oliver, en el cuartón Paine, el 21 de mayo de 1887 y el último sepultado en el siglo pasado ocurrió el 1 de diciembre de 1900, y perteneció a Victoria Cuesta y Cepero. El segundo enterrado a comienzos del siglo XX, 1ro de enero de 1901, correspondió a la joven de veintisiete años Dolores Alonso Suárez, muerta de tuberculosis.

El Cementerio Bautista, llamado también de Los Protestantes, existe hoy aún más reducido y dista 1 300 metros del río Almendares y solo a 14 metros del costado este del camposanto de la colonia china.

Por su lado, el Cementerio Chino se encuentra situado en la Avenida 26 y calle Zapata, Nuevo Vedado, La Habana, el cual constituye, en particular para los turistas no asiáticos, un camposanto de improntas admirables por las costumbres orientales relacionadas con los rituales de los enterramientos.

El 11 de diciembre de 1882 comenzaron las gestiones para la edificación del cementerio destinado a los súbditos chinos[16], la última necrópolis construida en La Habana en el siglo XIX. En la fecha el cónsul Lin Liang Yuan solicitó a las autoridades coloniales españolas el permiso para edificarlo.

Sin embargo, el gobierno colonial respondió negativamente al considerar que en la necrópolis Colón existía un espacio en el ángulo suroeste aislado, con puertas independientes, destinado a las inhumaciones de los no católicos. Pasados casi doce años, fue concedida la autorización y el 20 de mayo de 1893 se iniciaron las obras, que concluyeron un año después. Los fondos para la edificación fueron recaudados entre los emigrantes y comerciantes del llamado barrio chino de la capital cubana.

El Cementerio Chino se emplazó en una superficie de 9 000 metros cuadrados de la finca Las Torres, reparto Aldecoa, propiedad de Federico Kholy, a 101

---

[16] **Los chinos en Cuba.** Los primeros 206 chinos culíes llegaron al puerto de La Habana el 3 de julio de 1847, contratados como mano de obra barata. Sin embargo, fueron tratados como semiesclavos en las faenas agrícolas. Confinados en barcones, mal alimentados, muchos morían al poco tiempo del arribo Años después, llegó a La Habana una gran emigración china y como nunca lograron pagarse un pasaje de regreso a su país, en Cuba les sorprendía la muerte, lo cual fue un gran dolor para las autoridades española, que no permitieron sus enterramientos en las iglesias. Próximo a Guanabacoa, se destinó un terreno cenagoso para el primer camposanto chino. Más tarde se permitió la sepultura al fondo de la necrópolis de Colón, hasta que en 1892 comenzó la construcción del Cementerio Chino.

metros del ángulo suroeste del camposanto de Colón, todo cercado con una verja de hierro. El costo del terreno ascendió a 8 100 pesos oro. La superficie se dividió en cuatro cuadros iguales por dos calles, las que son perpendiculares en ángulo recto: una se dirige a la portada al sur y la otra, de este a oeste: ambas están pavimentadas con piedras y por sus lados crecen arbustos y flores.

En el extremo este de la calle transversal se edificó una pequeña habitación sin puertas, construida con ladrillos rojos y tejas francesas, donde se encienden velas, y se quema sándalo y papel moneda para que —según sus creencias- en el viaje largo emprendido por el difunto no le falte dinero.

La primera inhumación hecha en el siglo XIX correspondió a Braulio López, el 29 de octubre de 1893, mientras que el primer enterrado en la pasada centuria fue Julián Núñez. Desde su fundación hasta diciembre de 1900, allí fueron sepultados 2 716 ciudadanos chinos. Con anterioridad -y como se ha explicado- los finados de esa nacionalidad eran sepultados en Colón, cuya cifra no oficial ascendió a 7 600.

Con el devenir de los años hubo que hacerle una reducción al Cementerio Chino, con motivo del trazado de la actual Avenida 26 y la urbanización del reparto Nuevo Vedado, por lo que su superficie quedó en 8 189 metros cuadrados. Es típico de este camposanto la exuberante vegetación, y de acuerdo con un ritual cada chino acostumbra dejar escrito en su testamento qué tipo de plantación prefiere que se le siembre en el sitio de su sepulcro, pues dicen que la planta eleva el alma y proporciona salud al familiar vivo.

Es tradición china celebrar en la necrópolis varias fiestas al año, así cada sábado anterior al cinco de abril, se celebra el Día de la Claridad, pues según la tradición en esta fecha se abren las puertas del Reino de los Muertos para que compartan con los familiares y amigos vivos que acuden a los panteones para encender palillos de sándalo con la creencia de que su perfume ascienda y llegue al desaparecido. Otros ritos son efectuados en marzo en distintos días de este mes, el 14 de junio y el último, el 9 de septiembre.

En su fundación tuvo como primer administrador a Raoul J. d. Cay. El Cementerio Chino fue nacionalizado el 13 de julio de 1967, al igual que otros del país, pero lo relativo a propiedades se mantiene inalterable. Para enterramientos o exhumaciones se continúa requiriendo la autorización del casino Chung Wa, especie de órgano administrativo para determinados asuntos de la comunidad china en Cuba.

Pese al deterioro que presenta en la actualidad la construcción por la pátina el tiempo, el abandono de una mejor atención administrativa y las profanaciones de algunas tumbas por el hurto de prendas, dinero y otras ofrendas depositadas con los cadáveres, este camposanto continúa atrayendo la curiosidad de numerosos caminantes y turistas que suelen detenerse frente a la puerta de entrada, con la inscripción en caracteres chinos: San Yu Chum Wa, Cementerio General de China.

ANGELA ORAMAS CAMERO

LOS CEMENTERIOS JUDÍOS

Por cuanto le debemos
(Palabras en la tumba de Saúl Yelín)

Por su particular importancia se destacan en La Habana los cementerios hebreos[17] macabeo y sefardita construidos en el pasado siglo en el municipio de Guanabacoa. De acuerdo con estudios, los primeros judíos sefardíes y asquenazíes arribaron a la capital cubana alrededor de 1904, muchos habían partido de Turquía y Siria, además del territorio estadounidense.

Así en 1904, los judíos crean en La Habana la primera organización hebrea llamada United Hebrew Congregation, que contó con una sinagoga y terrenos, adquiridos en Guanabacoa, 1906, para construir el primer cementerio, en cuya reja de entrada fue colocado el letrero Centro Macabeo of Cuba. También fundaron la sociedad Jevra Kadisha encargada de las ceremonias rituales fúnebres   Después, durante la Primera Guerra Mundial, entre 1914 y 1918 arribó otro significativo grupo de hebreos, procedente de Turquía y del sur de los Balcanes, que en mayoría intentó establecerse en Cuba

---

[17] **Los judíos.** La comunidad judía en Cuba disminuyó cuando en 1968 fueron intervenidos sus pequeño, medianos y grandes negocios. Muchos partieron hacia la Florida, EEUU, otros grupos regresaron a Israel y a diferentes países de América del Sur

por corto período, pues el principal país para el definitivo asentamiento sería los Estados Unidos. Sin embargo, el gobierno estadounidense les negó la entrada a esa nación, con motivo de la xenofobia reinante.

Recién llegados a Cuba en 1914, los sefarditas y ashkenazitas fundaron la Sinagoga Chevet Ahin y en 1919, el Centro Hebreo en la calle Egido de La Habana, así como la Organización Sionista. Y, entre 1920 y 1924, arribaron más ashkenazitas provenientes de Rusia, Lituania, Hungría, Polonia y Rumania. Fue entonces que los cubanos comenzaron a llamar a los judíos polacos, independientemente del lugar de procedencia de este último grupo mencionado.

En 1942 la comunidad hebrea adquirió otro terreno para crear el segundo cementerio en Guanabacoa, próximo a la United Hebrew Congregation. En esta necrópolis levantaron en 1947 el obelisco denominado Monumento al Holocausto, en el cual reposan los restos de niños llegados a Cuba muy enfermos y desnutridos que pronto fallecieron; eran los inocentes víctimas de las atrocidades sufridas en los campos de concentración fascista. También allí hay enterradas seis pastillas de jabón fabricadas con la grasa obtenida de cuerpos judíos, durante la Segunda Guerra Mundial, cuando los nazis asesinaron a millones de personas.

Con belleza artística fueron construidos monumentos de diferentes formas y tamaños en el cementerio sefardí, como el matzevah que es horizontal, y el vertical asquenazí o ashkenazi. Algunos mauso-

leos son de mármol y los hay con diversas tonalida-
des. Llaman la atención hermosos íconos, emblemas
e instrumentos musicales, y por la especial signifi-
cación para los hebreos se destaca la Estrella de David.

De acuerdo con estimados, a partir del término de
la Segunda Guerra Mundial o sea alrededor de
1945, llegaron a la capital cubana unos 25 mil
ashkenazitas inmigrantes de Austria, Alemania,
Bélgica y Francia. Posteriormente, de ellos más de
diez mil se fueron a los Estados Unidos, así como a
naciones del continente europeo. Los que fijaron residencia en Cuba, aportaron al desarrollo comercial,
social y cultural, entretanto continuaban fundando
instalaciones para diversos usos y templos, como la
sinagoga hebrea Adath Israel, en Habana Vieja; el
Centro Hebreo Sefardí y la Gran Sinagoga Bet Sha-
lom, ubicadas en el Vedado.

Con el propósito de que la casi centenaria Sinagoga Shevit Ajim deviniera en el museo de la historia del pueblo hebreo y del judaísmo en Cuba, su
edificio fue sometido a trabajos de remodelación, y
es por ello que en la actualidad cuenta con espacios
para la visita del público cubano y extranjero.

En 1973 muere Saúl Yelín, fundador del Instituto
Cubano de la Industria Cinematográfica de Cuba
(ICAIC), quien desde el cargo de Relaciones Inter-
nacionales difundió por el mundo la producción cinematográfica cubana, su cadáver fue sepultado en
uno de los panteones judíos, donde se halla inscrita
la dedicatoria de agradecimiento: "...por todo lo que
fue, por cuanto le debemos". Con frecuencia, personalidades de la cultura y el arte, cubanas y otras con
sangre judía, suelen colocar piedras sobre su tumba,
como lo hizo el famoso director y productor de filmes

de Estados Unidos, Steven Spielberg, quien visitó La Habana a finales del año 2002.

La tradición hebrea de colocar piedras sobre las tumbas es respetada en Cuba, tanto por los cubanos como por los turistas extranjeros que asiduamente visitan los cementerios judíos de Guanabacoa.

LA SITUACIÓN SANITARIA DE LA HABANA

Una de las menos aseadas de América
(Alejandro de Humboldt)

En síntesis referiremos la situación política, social y sanitaria de La Habana que originó la decisión de construir una necrópolis con gran capacidad para los enterramientos. La capital había crecido en tres direcciones de tal forma que dejó atrás la condición de ciudad intramuros. La basura arrojada a las calles, el mal olor y los insectos trasmisores de enfermedades mortíferas contribuían a urgentes medidas sanitarias. Eran frecuentes las epidemias y entre ellas, el cólera morbo que ocasionaban numerosos fallecimientos; por consiguiente los cadáveres ocupaban por completo las capacidades en las iglesias y el Cementerio de Espada.

El año 1871 comenzó con grandes contradicciones y acontecimientos internos de envergadura, así como el aumento de la mendicidad y las muertes por epidemias, herencias de 1870. Por otro lado, crecía el disgusto de los criollos ante los desmanes que a diario cometía el Cuerpo de Voluntarios, devenido en escuadrón de la muerte, fue por ello que algunas familias cubanas, adineradas, optaron por emigrar. Entretanto, ilustres jóvenes habaneros se prepararon para marchar en 1895 al escenario de la Guerra de Independencia de Cuba. Otros sufrían cárceles y arrastraban cadenas mientras hacían trabajos forzados en jornadas de hasta 14 horas, como se halló en la cantera de San Lázaro, José Martí con apenas 17 años de edad, a quien el grillete le había ocasionado una ulcera en un tobillo.

El crimen más horrendo de todos los cometidos por culpa del Cuerpo de Voluntarios fue el fusilamiento de ocho inocentes estudiantes de medicina, entre 15 y 19 años de edad, el 27 de noviembre de 1871, en la explanada del Castillo de la Punta, frente a la bahía de La Habana. Sus cadáveres fueron secretamente enterrados muy cerca de los terrenos que luego ocuparía el Cementerio de Colón, donde hoy reposan sus restos en un lujoso y monumental panteón de mármol blanco, junto a los del capitán español que los defendió en el juicio, Federico Capdevila.

El 4 de marzo de 1870, un consejo de guerra en La Habana condenó a José Martí Pérez a seis años en presidio por jurar ser un hombre sincero y libre de donde crece la palma y morir de cara al sol por la libertad de Cuba. Era hijo del valenciano, sargento de colonias, don Mariano Martí y de madre canaria, doña Leonor Pérez. Posteriormente fue desterrado sin haber renunciado al ideario de independencia de la patria, a la poesía y al amor. Durante el exilio obligado, vivió en Nueva York unos 15 años y allí se distinguió por el ejercicio del periodismo, publicó el periódico Patria y escribió los más hermosos versos sencillos. Martí fue organizador de la Guerra Necesaria iniciada en Cuba en 1895. Cayó combatiendo cuando tenía 42 años de edad, en Dos Ríos, en la antigua provincia de Oriente, el 19 de marzo de aquel año.

Mientras, había llegado a su fin los enterramientos que durante tres siglos se hicieron en las iglesias, junto con el anuncio de que en el primer Cementerio General de Espada ya estaba agotada toda su capacidad, y por eso el Gobernador y Capitán General de la Isla, el marqués Juan de la Pezuela y Ceballo, consideró la necesidad de construir una necrópolis con mayor extensión territorial. También Pezuela propuso al Ayuntamiento de La Habana edificar un gran monumento funerario donde reposarían las cenizas del almirante Cristóbal Colón, que se encontraban en un nicho en la Catedral desde 1796. Pero el Obispado no acogió con beneplácito la propuesta del poder civil, planteada al Cabildo con plano de ejecución por el regidor Ramón Montalvo y Calvo. Por esta razón, la obra del cementerio no se realizó durante un lustro.

El 9 de noviembre de 1868 comenzaron a realizarse las inhumaciones al oeste de La Habana, en San Antonio Chiquito, un cuarto de caballería de la estancia La Curita, comprada por el obispo Fray Jacinto, cercada con tablas de pino. Al encontrarse el terreno en la zona del caserío San Antonio Chiquito, llamaron con igual nombre al pequeño camposanto, cuyo espacio junto con la compra de otras fincas, pasó luego a formar parte de la novedosa planta cementerial, con 56 hectáreas (560.000 metros cuadrados), el Cementerio Cristóbal Colón.

En San Antonio Chiquito se enterraron 763 cadáveres, el primero sepultado allí fue el de la parda o mulata Paulina Acosta, el 9 de noviembre de 1868, procedente de la parroquia del Santo Espíritu. Para esa fecha, se habían abierto dos libros de registros de enterramientos, uno para blancos y otro para ne-

gros, los que todavía se conservan y fueron utiliza-
dos también en los inicios de la necrópolis de Colón.

Por entonces, continuaba la población estremecida
por las continuas epidemias y proliferaban los nichos, sin conductos a tierra para excavar los humo-
res que desprendían los restos en descomposición,
construidos prácticamente sin espacio en el Cementerio de Espada, por lo cual empeoró la contamina-
ción ambiental de la capital cubana.

Las lluvias y las aguas por penetraciones marinas
sacaban los cadáveres de las tumbas y, como los muros de camposanto eran de gran altura, la ventilación resultaba deficiente. La memoria de La Habana inscribe que en 1868 hubo una de las más fuertes y prolongadas epidemias de cólera que causó
cuantiosas muertes.

La Corona de España comprendió que era inminente la edificación de una nueva necrópolis, y en
julio de 1866 por Real Orden ratificó el derecho al
clero para la ejecución de un cementerio con grandes proporciones, bajo el acuerdo de que las autoridades civiles se encargarían de elegir el terreno y de
realizar los reglamentos sanitarios. El Cabildo eli-
gió un rectángulo de cuatro caballerías de tierra, a
700 metros de la entonces Loma de los Jesuitas, hoy
Plaza de la Revolución donde se halla el monumento
al Héroe Nacional José Martí, y a 840 metros del
Castillo del Príncipe.

El terreno comprendía las estancias La Curita de
Mercedes Muñoz, La Baeza de los herederos de Carlos Baeza, La Noria de Gertrudis Reyes, La Cam-
pana de Nicolás Rebollo, Las Torres de Miguel Em-
bill y la Portuguesa de Enrique Otero. El Obispado

pagó por cuatro de ellas 43 194 pesos oro con cinco centavos, las dos fincas restantes fueron sometidas a expropiación. El clero comenzó la adquisición de los terrenos en abril de 1868. En 1922 a Colón se le hizo una ampliación, inaugurada en 1924, y hoy se inscribe como una de las necrópolis más extensas del mundo.

Entre las personas que mayor empeño mostraron para la adquisición del Cementerio de Colón estuvo el médico cubano Ambrosio González del Valle y Cañizo, quien integró algunas de las comisiones asignadas en diferentes momentos, para la ubicación de la necrópolis. A él se le deben las ordenanzas sanitarias por las cuales al principio se rigió Colón. El doctor González del Valle falleció a la edad de 91 años, tras ejercer la medicina por medio siglo.

Adquirida la superficie para la edificación del camposanto y la sugerencia de llamarlo Cristóbal Colón, la Junta de Cementerios convocó un certamen y solicitó a la comisión, creada para tal efecto, la redacción de las bases del concurso público, con miras a premiar el mejor proyecto presentado por los especialistas. El 12 de agosto de 1870, La Gaceta Oficial divulgó la convocatoria. Fueron presentados siete trabajos de igual número de participantes, ingenieros y arquitectos. Uno de los proyectos fue inscrito por el gallego Calixto Loira Cardoso.

A tal efecto fue nombrado el jurado presidido por el ingeniero Albear, quien también había participado en la selección el terreno para la nueva edificación de la planta cementerial. A Albear se le debe otra de las obras de mayor calidad realizadas en La Habana, el acueducto que lleva su nombre y que todavía suministra parte del agua que recibe la capital.

ANGELA ORAMAS CAMERO

LA *PALLIDA MORS* DE COLÓN

*La pálida muerte entra por igual
en las cabañas de los pobres
que en los palacios de los reyes*
(Loira)

El 7 de junio de 1871, Rafael Clavijo en nombre del jurado de la convocatoria para premiar el proyecto de construcción de la nueva planta cementerial, hizo público el fallo a favor del plano *Pallida Mors aequo pulsat pede tabernas pau perum regnum que turres...,* del joven arquitecto Calixto Loira Cardoso. El proyecto mostraba excelente diseño y admirable belleza artística y por eso obtuvo la casi totalidad de los votos. *Pallida Mors* fue justipreciado en 360,383 pesos oro.

A todos su lugar, señalaba la memoria descriptiva del plano, donde están distribuidas las sepulturas en recintos sacerdotales, castrenses, cofradías, potentados, proletarios, párvulos, epidemiados, condenados a muerte y paganos. Desde todos los ángulos y una vez concluido, el monumento funerario ofrecería un aspecto monumental de gran valor artístico y arquitectónico. Asimismo, Loira fue nombrado Director Facultativo de la ejecución del Cementerio de Colón, el monumento más importante, revelador y trascendente de la arquitectura colonial de Cuba de finales del siglo XIX.

La obra fue concebida como una colosal planta cementerial de estilo neoclásico, rebosante de simbolismos religiosos del cristianismo, inspirada en la tradición romana de la Edad Media de diseñar la ciudad de los muertos a partir de 5 cruces griegas, cuya interpretación geométrica es una gran cruz central, escoltada por otras cuatro menores, que en épocas de las Cruzadas se denominaron Cruz de Tierra Santa o del Santo Sepulcro. De ahí que el cementerio esté dividido en cuatro grandes cuarteles, orientados en los puntos cardinales: Nordeste, Noroeste, Sudeste y Suroeste.

Estas áreas dominan las zonas de monumentos de primera, segunda y tercera categorías. Las cruces menores se dividen en cuatro cuadros, cada uno llamado campo común, y fueron destinados a zonas para inhumaciones en tierra, que se cobraban; a las mismas se les llamaron tramos terceros, además de otros reservados para los tramos gratuitos o de limosnas. La división de clases en ricos y pobres quedaría evidenciada, pues para los pudientes se reservaron las zonas de los monumentos de gran suntuosidad y para los pobres, los sitios donde apenas se colocarían lápidas lisas.

Los brazos de la cruz mayor se nombran Avenida Cristóbal Colón, Avenida Obispo Espada y Avenida Fray Jacinto. Las dos primeras con 628 metros de largo, van de norte a sur, y la Fray Jacinto, con una longitud de 818 metros, de este a oeste. El resto de las calles están rotuladas con letras del alfabeto hasta la N; las situadas a la derecha y paralelas a la calzada de norte a sur llevan los números desde el 2 al 18, y a la izquierda de la avenida principal están los números impares, desde el 1 al 17. Todas las avenidas fueron luego escoltadas por árboles y hermosos monumentos de mármol de Carrara y de

Isla de Pinos (hoy, Isla de la Juventud).

Loira dibujó varios planos para diseñar la portada norte, catalogada como la pieza arquitectónica más importante del camposanto. Por su belleza artística y estilo románico bizantino, su autor le atribuyó *carácter sereno y triste; tanto por la sencillez en la ejecución de su decoración, como por la solidez de su forma;* llamó a la hermosa entrada principal *Janua Sum Pacis*, Soy la Puerta de la Paz.

¡Al fin! fue colocada la primera piedra inaugural y simbólica de las construcciones de Colón, a las nueve de la mañana, el lunes 30 de octubre de 1871, en el sitio donde se construiría la portada principal, decorado con palmas, laureles, flores, banderas, los retratos de los Reyes de España y el nombre del llamado descubridor del Nuevo Mundo, Cristóbal Colón.

Bajo un cielo gris se llevó a cabo la ceremonia, presidida por el capitán general interino Romualdo Crespo de la Guerra, pues el capitán general de la Isla, Blas Villate, conde de Valmaseda, se hallaba en la región oriental ordenando el exterminio de los cubanos independentistas, hecho conocido en la historia de Cuba como "Creciente de Valmaseda".

Por su lado, el gobernador eclesiástico Benigno Merino y Mondi bendijo el nuevo camposanto con estas palabras: *El cristianismo reúne en una sola e idéntica sociedad los muertos y los vivos, la tierra y el cielo, el tiempo y la eternidad. La Habana puede gloriarse de que dentro de breve término tendrá una magnífica necrópolis digna de su piedad y cultura.* Roció de agua bendita un ejemplar de la Guía de Forasteros y otro del Calendario del Año, así como varias monedas de oro y plata del rey de España, Amadeo I de Saboya, y un ejemplar de cada periódico publicado el día anterior, además de una copia del acta de inauguración, firmada por las personalidades presentes.

Todos los objetos fueron depositados dentro de una caja de caoba sellada, esta a su vez fue colocada dentro de otra, pero de plomo, e introducida en el hueco que cerraría la piedra fundacional de las construcciones de la planta cementerial. Una leyenda echó andar, años después de terminada la Puerta de la Paz, cuando alguien dijo haber visto colocar una urna con los restos de un muerto y muchos especularon que en esa caja reposaban las cenizas de Cristóbal Colón. Pura leyenda.

Entretanto, Loira sostuvo en sus manos un pequeño arcón de albañil, del cual el Capitán General interino extrajo cemento y arena con una cuchara de plata. La mezcla fue vertida sobre la piedra que simbolizó la inauguración de las labores de la necrópolis habanera. Un mes después, Loira pondría en marcha su obra cumbre, la *Pallida Mors*, sin lograr ver ni siquiera la culminación de la Galería de Tobías, pues al año siguiente moriría, víctima de un paro respiratorio.

La construcción se vio interrumpida por largos períodos, con motivo de las sostenidas disputas entre la Iglesia y el gobierno colonial. El Cementerio de Colón tardó 15 años en conducirse a feliz término, pues concluyó el 19 de noviembre de 1886. Contempló como obras principales la Portada Norte o Puerta de la Paz, el más bello arco de triunfo existente en la Isla; la Capilla Central y el Osario General.

LA GALERÍA DE TOBÍAS Y UNA LEYENDA

*Me gustaría descansar aquí
¡cuánta paz!*
(Calixto Loira Cardoso)

Dada la urgencia de crear espacios para los enterramientos y teniendo en cuenta que estos continuaban realizándose en fosas por el sitio de San Antonio Chiquito, a solicitud del obispado y el gobierno, Loira, nombrado Director Facultativo, inició en 1871 la edificación de la galería subterránea, La *Galería de Tobía*, de unos 100 metros, para inhumar a familiares y amigos en la nueva ciudad de los muertos. Ella sustituyó la cripta concebida para ubicar en la capilla central, único trabajo que el clérigo modificó en el proyecto original de *La Pallida Mors.*

Esta sugerente catacumba moderna, como se ha expresado anteriormente, fue la primera construcción realizada en Colón. Su costo ascendió a 46 mil pesos oro. La Junta del Cementerio dividió la obra en 4 lotes. De estos, 3 fueron confiados a José Vega Flores, quien durante la ejecución cometió errores con graves consecuencias, entre los que se encuentran los desperfectos en los pilares de las tapias.

Fue denominada Galería de Tobías en recordación al filántropo Tobías de Nestalí, personaje que según la Historia Sagrada vivió en el siglo VII antes de nuestra era, dedicado a obras de caridad, y a la piadosa tarea de dar sepultura a los difuntos. La iglesia católica convirtió a Tobías en santo y celebra su festividad el 2 de noviembre Día de los Fieles Difuntos.

La inauguración de solemne religiosidad del primer tramo terminado se efectuó el miércoles 8 de abril de 1874, presidido por el capellán del cementerio, presbítero Mariano Rodríguez Armenteros, con la presencia del alcalde de La Habana y otras personalidades del gobierno y la jerarquía eclesiástica. Ese día fue bautizada con el nombre Galería de Tobías y se repartió un folleto donde se explicó: *Estos nichos se arriendan por un período no menor de 10 años, pudiendo renovarse el contrato, pues es deseo de este ilustrísimo y reverendo Obispado dar a eso a cuantas oportunidades deseen sus favorecedores. Los interesados pueden dirigirse en demanda de más detalles a la oficina de la entrada.*

El destino quiso que el primero en estrenar la recién comenzada construcción de la Galería de Tobías fuera su propio arquitecto y autor del proyecto del Cementerio de Colón, el ferrolano y habanero Calixto Loira Cardoso. Su cadáver fue colocado en el nicho 263, último del lado Norte, o el primero por la entrada Este, calle 13, a la derecha, el domingo 29 de septiembre de 1872. A la muerte de Loira, lo sucedió en el cargo de Director Facultativo el arquitecto Félix de Azúa Gasquet, quien muere poco después de asumir esta función, siendo inhumado el 10 de julio, 1873 en el nicho No. 1 del lado Norte, primero de la izquierda, es decir en el extremo opuesto al nicho donde reposaban los restos de Loira.

Curiosamente, la Galería Tobías sin hallarse concluida, ya tenía custodiadas sus dos entradas por los primeros Directores Facultativas de la necrópolis, lo que dio origen a una inquietante y angustiosa leyenda. La teoría del rumor echó andar la superstición de que ningún arquitecto o ingeniero debía trabajar en la novedosa catacumba porque moriría tempranamente en el intento de la ejecución. Otros decían que Loira poco antes de morir había sugerido como sustituto suyo al arquitecto Eugenio Rayneri y que por no haberse cumplido tal aspiración, la Parca había intervenido en el asunto.

La Galería con 526 nichos perforados en sus paramentos, cada uno con 67 centímetros de ancho por 80 de alto por 2 metros de alto, con remate semicircular, es de mampostería y ladrillos. El techo es abovedado, donde se hayan 6 claraboyas o lucernario de cristal para la ventilación e iluminación. Posee dos entradas, una por el Este y otra por el Oeste, e igual número de pórticos, con escaleras que conducen a su interior, una tiene 32 peldaños y la otra 35.

Está ubicada en el cuartel Noroeste, cuadro 17 y Cruz de 2da. Orden, en la calle A, limitada por las calles 9 y 13, con tres órdenes de sepulturas sobrepuestas de Este a Oeste, con 95 metros de largo por 3 metros de ancho y 4 metros de alto. Su reglamento sanitario fue confeccionado por el Dr. Ambrosio González del Valle, dado a conocer en enero de 1873, cuando fue publicado en la Gaceta de La Habana.

En la Galería fueron inhumados 506 cadáveres en igual número de nichos. Durante muchos años no fueron ocupados 20 y las tapias de la mayoría de los nichos presentaron defectos constructivos.

El 27 de noviembre de 1878 por Real Orden, la Galería de Tobías fue clausurada, a solo 4 años de su terminación y utilización. Un año antes se habían realizado los análisis químicos y bacteriológicos del aire, con motivo de su insoportable estado mefítico que contribuyó al cierre. No obstante, en la década de 1970, ella fue utilizada como osario provisional para guardar los restos mortales de unos 10 000 fallecidos, debido a la insuficiente capacidad de osarios en las bóvedas existentes en toda la planta cementerial.

En la Galería de Tobías se encontraba el nicho No. 173 arrendado por la quinta compañía del Quinto Batallón del Cuerpo de Voluntarios, la que todavía es recordada con profundo rechazo por los cubanos por haber participado en el asesinato de los 8 estudiantes de medicina, el 27 de noviembre de 1871. El nicho 519 estuvo ocupado por los restos de don Miguel de Cárdenas Herrera, Marqués del Prado Ameno, figura destacada en la historia habanera por su valiosa y vasta colección de naipes, conservada en la actualidad en el Museo de Naipes de Ciudad de La Habana.

También en la Galería de Tobías, en el nicho 524 fueron depositados de manera provisional, en 1899 y pese a que el lugar ya estaba clausurado, los restos de don Mariano Martí Navarro (1815-1887), padre del Héroe Nacional de Cuba, a petición de doña Leonor Pérez Cabrera, a quien más tarde se le autorizó adquirir tres parcelas de terreno para la construcción de la bóveda familiar, que contó con la contribución de patriotas y pueblo en general, levantado próximo a la entrada principal de la necrópolis. Años más tarde, fueron sepultados allí los restos de Leonor (1828-1906), y casi frente a este panteón fue enterrado el cadáver del dominicano Máximo Gómez, jefe del Ejército Libertador de Cuba.

La costosa construcción
de la necrópolis

... todo junto no importa
más de lo que puede
contener una estrechísima tumba
(San Agustín)

La construcción del Cementerio de Colón requirió una considerable fortuna. El primer lote destinado a la circunvalación de la necrópolis, en los inicios fue subastado en 93 449 pesos oro y fue puesto en ejecución el 13 de octubre de 1871. Luego, siguieron los trabajos de la segunda etapa, iniciados el 26 de julio de 1872 y subastados en más de 90 000 pesos oro. Pero debido a las arbitrariedades cometidas con los fondos monetarios, las obras sufrieron constantes interrupciones.

Las últimas contratas habían sido rescindidas por falta de cumplimiento del concesionario a lo pactado. José Aguirregaviria tuvo a su cargo la terminación del tercer lote, liquidado en 47 115 pesos oro. A él se le debieron las construcciones de los aljibes y la conclusión de la hoy llamada Calzada de Zapata, en el exterior de la parte norte del cementerio, todo lo hizo por una suma superior a los 447 000 pesos oro.

Lo primero que impresiona es La Puerta de la Paz, *Janua Sum Pacis,* una suerte de bello monumento de cantería. El conjunto semeja un arco de triunfo de tres cuerpos. Su altura total alcanza los 21,86 metros. Arriba termina en una pirámide truncada, rematada por un grupo escultórico en mármol que simboliza las tres virtudes teologales. La del centro, rodeada de niños, es la caridad; la de la izquierda, con una inmensa ancla, es la esperanza; y la de la derecha, que lleva en una mano la cruz y en la otra un cáliz y una hostia, es la fe. El conjunto escultórico fue realizado en 1901, en Carrara, Italia, por el célebre artista cubano José Vilalta y Saavedra.

La fachada o acceso principal a la necrópolis está inspirada en el concepto cristiano del triunfo sobre la ausencia. Sus tres arcos están muy ornamentados. La entrada mayor mide seis metros de ancho y cada una de las laterales, tres metros; son abiertas a las ocho de la mañana y cerradas a las seis de la tarde. Poseen verjas de hierro, con las iniciales CCC que significan Cementerio Cristóbal Colón. Adosados a la pirámide truncada hay dos relieves de mármol blanco en forma de medallones; el del tímpano exterior representa la Crucifixión de Cristo y el del interior sugiere la Resurrección de Lázaro.

En el cruce de las amplias avenidas se encuentra la Capilla Central de estilo románico bizantino, la segunda obra arquitectónica más importante de Colón, desde donde se observar casi todo el parque funerario, así como el recorrido de las carrozas, y se efectúan los responsos solemnes, oficiados por el capellán de la necrópolis. Fue concluida en julio de 1886. Su forma es octagonal (única capilla en la Isla con esta forma), compuesta de tres cuerpos concéntricos escalonados, con una cúpula central en rincón de claustro, reforzada por nervios y terminada en una cruz. Está iluminada por ventanas bajas y altas, provistas de vitrales coloreados que muestran pasajes bíblicos. En el friso de la rotonda central, sobre fondo azul, se halla la inscripción *Ego sum resurectio et vite, el credit in me, nom mirietur in eternum*, Yo soy la resurrección y la vida, quien crea en mí, no morirá para la eternidad.

El cuerpo exterior de la Capilla lo rodea una galería o pórtico de arcadas. La superficie total dentro del tempo es de 263 metros cuadrados, de los cuales 22 corresponden a las sacristías. 700 personas pueden estar presentes en los oficios religiosos. Exhibe las reproducciones de El Juicio Final y La Ascensión de Cristo, realizadas por el cubano Miguel Melero, quien entonces era el director de la Academia de Artes de San Alejandro de La Habana, también es el autor de las pinturas de Moisés, Isaías y Jeremías, al lado del Evangelio, de David, delante del altar; y de San Juan Bautista, Daniel y Abraham, junto al Epistolario, así como de Santo Tomás, en el ángulo de la capilla donde culmina la ascensión de Jesús. En el mes de mayo del 2006 un rayo destruyó la cúpula principal y la cruz que se hallaba en su centro cayó al suelo del recinto, sin perjuicio alguno.

La terminación de las calzadas de los cuarteles noroeste y suroeste, así como las obras de desagüe y la habilitación de un pedazo del camposanto para las inhumaciones de los cadáveres pertenecientes a los no católicos, se les adjudicaron a Filiberto García, y este las traspasó a Francisco Peña por la cantidad de más de 25 000 pesos oro.

El valor de las obras de conducción de aguas desde la antigua Zanja Real, con depósitos en la necrópolis y medios para la distribución, sobrepasó los 7 000 pesos oro y poco más de mil pesos oro se pagó por la construcción de una caseta para la administración de la bomba de agua.

Los hoyos del arbolado fueron realizados mediante

contrato por Juan Balbi, en tanto en el cuarto lote, la capilla se le encomendó a Ciriaco Rodríguez por más de 82 000 pesos oro. Por la decoración de la capilla con las vidrieras pintadas a fuego con representaciones de santos del catolicismo, se pagaron 3,390 pesos oro; 3,000 al pintor cubano Miguel Melero. Del templo son también los bancos y una cómoda de madera para la sacristía, piras de mármol para el agua bendita y el escudo de armas del obispo Piérole, todo adquirido por 1,638 pesos oro.

En noviembre de 1879 fueron realizados la explanación y el afirmado de la plaza donde están los edificios del norte con los jardines, por el costo superior a los 2 000 pesos oro. Mientras que las cercas de losas de la Isla, construidas entre 1882 y 1884, costaron en total más de 4 000 pesos oro. En diferentes épocas se hicieron los osarios y sepulcros, con tapas de mármol, llamados bóvedas, destinados a los enterramientos de concesión temporal. El depósito de cadáveres se concluyó en marzo de 1889, año en que fueron colocados en la portada principal los bellos relieves de mármol.

Por su elegante perspectiva y valor, se destaca también la cerca de mampostería. Cuenta con lienzos de pared de tres metros de altura con la cruz de redención de bajorrelieve en su centro, que alternan de tres en tres pilastras, para terminar en su parte superior con copas de hierro fundido. Asimismo, levanta la admiración la segunda portada de la necrópolis, ubicada en la parte sur, más chica que la principal del norte y de igual estilo románico bizantino.

La obra en general del Cementerio de Colón tuvo varios directores facultativos. Luego de la muerte de Loira, lo sucedió Azua, sustituido poco después por Rayneri. Posteriormente ocuparían el cargo Gustavo Valdés (1873), Ricardo Galbis (1874) y Francisco Marcotegui (1878). Desidias, disgustos y contradicciones entre el Obispado y las autoridades coloniales ocasionaron varias interrupciones, hasta que en firme, las obras fueron reanudadas en junio de 1877, y concluyeron el 19 de noviembre de 1886 con la edificación de la Capilla Central, a un costo superior de lo 360 000 pesos oro. Se necesitaron 15 años para dar por terminada la construcción del Cementerio de Colón.

Su primer reglamento sanitario lo hizo el doctor González del Valle y rigió hasta el 26 de noviembre de 1906. El primer administrador fue el sacerdote Juan Bautista Casas y el primer capellán, Mariano Rodríguez. Hasta 1918, el celador para los recorridos de vigilancia usó un caballo y más tarde, un vehículo de motor.

Antes de proceder al entierro, dentro del cementerio se efectuaba el examen forense de los cadáveres. Sin este trámite no era permitida la sepultura. Igualmente era costumbre, pero entre los pobres, colocar los ataúdes sobre un primitivo muro, a fin de que las personas que los conducían descansaran brevemente y compraran flores. Esto sucedía por la hoy avenida de Zapata, que entonces era un sencillo y polvoriento camino que llegaba a la entrada del camposanto, donde estaba el arco de madera con la señalización Cementerio Cristóbal Colón.

Hasta 1924 las inscripciones de los difuntos blancos y negros se hicieron por separado, pues a partir de la fecha se anotaron en común en libros de 700 páginas y en cada folio se escribieron cuatro enterramientos

Los cuatro edificios de osarios con que dispone en

la actualidad Colón, apenas satisfacen las demandas de enterramientos. El 70 por ciento de las inhumaciones diarias de Ciudad de La Habana, habitada por más de dos millones de personas, se llevan a cabo en esta necrópolis.

Los meses en que ocurren los mayores enterramientos en La Habana son enero, febrero y marzo. Aunque la cifra no debe tomarse como rareza, encontramos que el 13 de febrero de 1996 las inhumaciones ascendieron a 93. Asimismo, el municipio que reporta más muertes es el populoso de Arroyo Naranjo. Y, en la llamada *vía apasionante de la muerte* hoy reposan los restos de más de dos millones de personas, desde la inauguración de la necrópolis hasta la actualidad[18].

El mayor cementerio de Cuba es también uno de los más colosales del mundo, y es el único que en el continente americano lleva el nombre del descubridor del Nuevo Mundo, Cristóbal Colón, quien al pisar suelo cubano dijo que esta era la tierra más hermosa que ojos humanos hayan visto.

---

[18] **Las profanaciones en Colón.** Especialmente la profanación y hurto en Colón implicó graves consecuencias a partir del llamado Período Especial. Desde 1990 hasta hace pocos años, individuos sin escrúpulo abrieron tumbas en la búsqueda de joyas y otros objetos depositados con los cadáveres e incluso, hasta fueron sustraídos cráneos y huesos para trabajos de brujerías. Han desaparecidos ángeles de mármol, argollas de bronce y otros valiosos objetos, que los delincuentes han vendido. En la actualidad se lleva a cabo una profunda reconstrucción en el Cementerio de Colón en todas aquellas bóvedas, mausoleos y panteones afectados por los actos vandálicos y la pátina del tiempo. Se reponen las piezas de mármol y objetos de diferentes materiales.

EL NEGOCIO *SEÑOREÓ*

A todos su lugar
(Leyenda en el
plano del Cementerio)

Desde los inicios, el cementerio significó la gallina de los huevos de oro para el Obispado. Así, en la Zona de Monumentos de Primera Categoría se construyeron mausoleos muy caros, donde las primeras ventas de parcelas a las familias acaudaladas implicaron una fortuna para la época, cada una fue adquirida por 30 pesos oro. Después en la mencionada zona, la Iglesia aumentó el precio y por una fuerte suma los aristócratas compraban un terrero. La clase media también edificó costosos panteones, pero en la Zona de los Monumentos de Segunda Categoría.

No había ventas en las zonas destinadas a los pobres, porque estas parcelas para las sepulturas se alquilaban por tres años, y al término del plazo, los restos eran enviados al osario general. Las aludidas se ubicaron en los cuadros del campo común, donde en épocas de lluvia el fango hacía imposible llegar a las humildes tumbas y se podían encontrar huesos desenterrados y rústicas cruces flotando en los charcos.

No es posible resumir el costo total de las más de 53 000 propiedades particulares, de familias o de instituciones gremiales, religiosas y sociales; 30 son de logias y más de 25 de sindicatos. Solamente las Sociedades Gallegas que funcionan en Cuba son dueñas de 44 panteones, donde descansan centenares de hijos de Galicia que, como emigrantes, echaron raíces en Cuba. Se conoce que en toda la necrópolis hay enterrados unos 50 mil hijos de Galicia. Por ello, escritores gallegos han señalado que Colón es el mayor cementerio de Galicia. Otras significativas cifras de panteones pertenecen a más asociaciones de diferentes regiones de España.

Uno de los más amplios y significativos monumentos funerarios es el panteón denominado Naturales de Galicia, pertenece a la Asociación de igual nombre, que es la más antigua fundada en La Habana, en 1871. El panteón está situado en el N.E, zona 3, avenida Fray Jacinto entre 9 y 13. Contiene 472 nichos, y tiene ocupados 420. Los osarios suman mil 121, de los cuales solamente 52 permanecen libres. Fue construido de mampostería, granito negro de Noruega, en 1936. Los escudos de las provincias gallegas están esculpidos en su fachada, donde en el centro se encuentra un relieve de la virgen de la Angustia. En su interior hay un elevador para la bajada de los sarcófagos.

Asimismo, Naturales de Ortigueira se inscribe dentro de los panteones más monumentales, así como por los valores artísticos y arquitectónicos, del Cementerio de Colón, de Cuba, de Iberoamérica y en particular de las propiedades de la *galleguidad* en esta isla. Su construcción, mampostería, mármol y granito, está inspirada en el edificio de la iglesia de San Adrián de Veiga; tiene 716 nichos, 174 están ocupados, y 4 458 osarios, de los cuales sólo 24 están libres. Por su belleza artística llama la atención los relieves a tamaño natural de figuras con expresiones afligidas por el dolor, situadas en el pórtico, a cuya izquierda se levanta una torre campanario. Una vez dentro del recinto, podemos apreciar la exquisitez artística de las dos vidrieras coloridas con pasajes bíblicos.

En una costosísima capilla descansan los restos del ferrolano José Monje Plá, quien se había enriquecido durante la trata de los negros. A su hermano, el Marqués de Amboage, La Habana colonial le debió el primer alumbrado de gas público. Los hermanos fueron dueños de negocios diversos, entre estos una ferretería que por su variado y gran surtido llegó a tener la más selecta clientela de la capital cubana.

Muchos emigrantes gallegos a partir de la inauguración de Colón y hasta alrededor de 1950 encontraron trabajos en este cementerio, principalmente como jardineros, enterradores y en los oficios de mantenimiento, e integraron el Club de Floristas y Similares, además del Club de Jardineros del Cementerio de Colón.

El negocio de las flores para hacer coronas y ramos destinados al cementerio creció, fundamentalmente a partir de los establecimientos de ventas en manos de españoles emigrados (en mayoría eran gallegos), quienes además controlaban los comercios de marmolería y construcciones de cajas para los muertos, así como otros objetos para las labores de jardinería y mantenimiento de los panteones. El censo de 1919 reveló que el 73 por cientos de los jardineros y floreros en la capital de Cuba eran españoles, cuya mayoría ejercían tales oficios en Colón, acordado el asunto con la Iglesia. En 1954, el 70 por ciento de la fuerza laboral de Colón era gallego. Apenas los cubanos podían encontrar trabajos en la necrópolis por existir el mencionado control en manos extranjeras.

Asimismo, los gallegos fundaron el Club de los Jardineros de Colón y el Club de Floristas y Similares. Estos emigrados eran dueños de jardines en Luyanó y en los alrededores de Colón, en los cuales cultivaban flores, especialmente, para las funerarias y el cementerio de Colón, y dominaban la mayor parte de las florerías de la calle 12 y Zapata, con los nombres de La Flor Cubana, La Acacia, La Dalia, La Maravilla y la Casa Lamela. Los socios del Club de Jardineros de Colón construyeron un lujoso y amplio panteón de mármol en el cuartel SO, cuadro 6, Cruz de segundo Orden en la aludida necrópolis.

Tampoco escapan de esta observación los costos servicios privados en las funerarias y el cementerio, los cuales también marcaban las diferencias de las clases sociales. Recogidas en la gráfica del siglo pasado, aparecen los pomposos entierros de los ricos, que en los primeros años de inaugurada la necrópolis entraban por el arco mayor de la puerta de La Paz en lujosas carrozas, conducidas por zacatecas, uniformados con incrustaciones de toreros, y tiradas por más de cuatro caballos. Mientras que los pobres cargaban sobre los hombros los ataúdes de madera de pino con sus finados y a pie los entraban por los arcos menores.

Años después, los ricos usaron las modernas carrozas, dotadas con faroles de gas, las llamadas trenes funerarios, tiradas por hasta cuatro parejas de ca-

ballos con vistosos adornos, en tanto los pobre lo hacían en carretones halados por mulos. Y, alrededor
de 1920, los adinerados utilizaron los automóviles
de lujo, pintados de negro.

El lucrativo negocio de la Iglesia Católica finalizó
el 4 de agosto de 1961, cuando el Gobierno Revolucionario promulgó la Resolución destinada a intervenir el Cementerio de Colón y declarar gratuitos
los servicios fúnebres, incluidos los enterramientos.

ANGELA ORAMAS CAMERO

LOS TESOROS DE COLÓN

¡Yacer sabré,
pero he ahí mi obra!
(Anónimo)

El Cementerio de Colón deviene en museo fúnebre a cielo abierto, enclavado en las inmediaciones de la Plaza de la Revolución y próximo a la esquina de 12 y 23, en Ciudad de La Habana. Se le ubica entre las cuatro necrópolis más famosas del mundo por su tesoro arquitectónico y escultórico. Cada año es visitado por más de 80 mil personas procedentes de todas partes del mundo.

A gran paso, entre 1880 y 1930, la escultura plasmó su presencia sobre los mausoleos, principalmente en los cuarteles del norte, desde La Puerta de la Paz hasta la Capilla Central. Iniciamos la visita al museo fúnebre por la avenida principal, donde en encuentra desierta su primera plaza, en la que se proyectó erigir el lujoso monumento que guardara las cenizas del almirante Cristóbal Colón, depositadas en la Catedral habanera, de donde fueron trasladas presuntamente a España tras finalizar el período colonial en Cuba. Asimismo, al talentoso arquitecto Loira Cardoso, no se le ha erigido mausoleo alguno y sus restos deberían ser ubicados, precisamente, en un mausoleo ubicado en la mencionada plaza desierta. Esta es una deuda pendiente entre gallegos y habaneros.

Próxima a esa plaza, se halla otra con el admirable mausoleo donde reposan los restos del obispo Juan José Díaz de Espada y Fernández de Landa. Por ambos lados de la avenida principal se hallan magníficas piezas esculpidas con mármol de Carra, que advierten la existencia del tesoro que fuera creado por más de noventa artistas cubanos y extranjeros.

Entre los artistas cubanos, escultores y pintores, resaltan las obras de Vilalta y Saavedra, Rita Longa, Florencio Gelabert, José Sicre, Miguel Melero, Teodoro Ramón Blanco y Amelia Peláez. Mientras que en la extensa lista de los extranjeros se destacan el norteamericano W.S. Pietch; los españoles Mariano Benlliure, así como Zapata y Agustín Querol y el arquitecto Julio Martínez, autores del monumento funerario de mayor dimensión, el de los Bomberos de La Habana; los italianos Paoli Triscornia, Beueoni Fexe, Fondo O. Buoevrolami y Rafael Romanelli. Al último se le debe la figura de mujer halada, cincelada en bronce, en la capilla de los Aspuru.

Ellos dejaron la impronta de sus obras religiosas, devenidas en las más notables realizadas en Cuba entre finales del siglo XIX y hasta mediados del XX. Son de variados estilos, pero fundamentalmente sobresalen el ecléctico, románico, gótico, greco, egipcio, renacentista, barroco, art-nouveau, racionalista y moderno. Entre los materiales empleados y ornamentos se encuentran el mármol de Carrara, granito, piedra, bronce, rejas, cancelas, balaustradas, vitrales, arcos ojivales, cúpulas, columnas, cruces, maderas preciosas, bronce, cúpulas y capillas piramidales.

Son profusos los ángeles, los bíblicos mensajeros de Dios, realizados con mármol y sugieren ser los guardianes de lujosos sepulcros y de los caminos del cementerio, regando flores, escuchando los lamentos de la familia afligida por la pérdida del ser querido o en rezo perpetuo, los hay levantando una mano hacia el cielo indicando la vía tomada por el alma del finado. Uno azul se oculta en lujosa capilla.

Son numerosas las escenas simbólicas de esas criaturas, creadas por los artistas in sito o en las canteras de Carrara. Por la delicada belleza artística y tamaño, sorprende el ángel hermafrodita, el único de su tipo en el cementerio, el cual de la cintura para arriba tiene la anatomía de un hombre atleta y de esta hacia abajo, el cuerpo de una mujer, así como el de mayor tamaño ubicado casi frente al panteón de La Milagrosa.

Frente a la Capilla Central y sobre un permanente césped verde, donde crecen rosas, se encuentra el reluciente mausoleo de granito púrpura del cardenal Manuel Arteaga Betancourt, arzobispo de La Habana en la década de 1950, nacido en 1879 y fallecido en 1963. *Pulvis es*, Polvo eres, reza sobre su losa. Llaman la atención por el estilo racionalista la capilla de la familia Céspedes y por sobriedad y austeridad, los panteones de carácter militar.

El panteón de los Estudiantes de Medicina constituye una de las piezas más reveladoras de la exquisitez artística de José Vilalta y Saavedra. Representa una gran pirámide envuelta en un manto y una corona de flores, como expresión de luto y dolor. Bordean a base medallones de bronce con las efigies de los ocho estudiantes inocentes, fusilados por los españoles el 27 de noviembre de 1871. En este monumento también fueron depositados los restos del capitán español Federico Capdevila, el valiente defensor de los estudiantes.

En otros monumentos descansan los mártires de desembarco del Granma y del asalto al Palacio Presidencial, así como los milicianos que cayeron en Playa Girón, y el panteón de los jóvenes deportistas, que murieron en el sabotaje perpetrado por terroristas a la nave de Cubana de Aviación, hecho conocido como El Crimen de Barbados. Sencillo y a la vez elegante es el monumento del patriota Juan Gualberto Gómez.

Bajo floridas enredaderas del trópico o a la sombra de laureles, sauces y palmas reales se levantan infinidad de vírgenes y santos con expresiones de paz, amor o de sufrimiento. Estos custodios de la muerte están esculpidos   fundamentalmente con mármol de Carrara y pocos con granito cubano. A propósito, el principal suministrador de la mencionada piedra italiana, quiso que su sepulcro fuera realizado con mármol cubano por su excelente calidad.

Son profusas las dedicatorias talladas que reiteran promesas: *Vivirás en nuestro recuerdo, Tus hijos no te olvidamos,* así como los vitrales coloreados o que sirven de puertas y ventanas a lujosas capillas. Tampoco faltan las guirnaldas y rosetones de mármol o bronce, que cubren o bordean lechos mortuorios, y la infinidad de argollas doradas o ennegrecidas por la pátina del tiempo.

Abundan las cruces de San Andrés, heráldicas y griegas, en ocasiones acompañadas de otros elementos decorativos. También abunda la cruz latina con la imagen esculpida de Jesucristo, seguidas de las figuras de San José con el Niño, de Jesús en brazos de la virgen María. Entre estas piezas destacamos la Piedad del Miguel Ángelo, una reinterpretación moderna que realizara Rita Longa. La Caridad del Cobre, Patrona de Cuba, aparece representada en mármol y vitrales, especialmente. Una hermosa obra de vitral, del pintor cubano René Portocarrero, ya fallecido, se halla en el interior de la capilla de Raúl de Zagarra, funcionario del Ministerio de Comercio bajo el gobierno del presidente Laredo Bru.

También sobresalen las columnas cubiertas con mantos que sugieren solemnidad y luto. De gran calidad son los marcos de porcelana con fotos de difuntos sobre las tapas de los sepulcros. Diversos panteones poseen verjas balaustradas y cancelas de hierro fundido o forjado, con detalles de gran derroche imaginativo. En otro orden se destacan los motivos de origen místico o simplemente decorativos sobre lápidas y alrededor de búcaros y porta búcaros. Tal es el caso de una enorme cesta repleta de rosas realizadas en mármoles de colores tenues, frente a una gran escultura de Jesús.

En Colón, uno de los monumentos más costoso es el de Pedro Baró, construido por un arquitecto francés, traído expresamente a Cuba para este propósito. Otro muy valioso es el de la familia Falla Bonet, consiste en una pirámide simbolizando la resurrección, y sobre ella hay un Cristo, mirando al cielo, realizado en bronce por el español Benlliure. De gran belleza y dimensión es la obra del artista español Moisés Huerta, colocada sobre el mausoleo de la familia Rivero.

De extraordinaria belleza resulta la costosa capilla donde descansan los restos de Catalina Lasa. Sobre su lápida, la luz solar siempre refleja una enorme rosa de amarillo pálido ubicada en el techo, mandada a tallar en cristal *lalique* por el esposo, Juan Pedro Baró. La acaudalada mujer murió poco de que el esposo sembrara en el jardín del hogar una exótica rosa. Se dice que ella pidió ser sepultada con la hermosa flor, la que reproducida en vidrio aparece además en cada una de las ventanillas del monumento de estilo art deco, el cual mide de 12 metros y es uno de los más altos de la necrópolis.

Cerca se encuentra la Tumba del amor, donde descansan los esposos que se amaron por encima de los prejuicios y sin que a ella le importara las tres décadas con que él superaba su edad. Entre sendos bustos escultóricos, fue inscrita la leyenda:

> "Bondadoso caminante: abstrae tu mente del ingrato mundo unos momentos y dedica tu pensamiento al Amor, a quienes el destino tronchó su felicidad terrenal, cuyos restos mortales reposan para siempre en esta sepultura, cumpliendo un sagrado juramento. Te damos las gracias desde lo eterno, Margarita y Modesto".

Bajo frondosos árboles está el panteón de modernas líneas y de granito negro, de la Academia de Ciencias de Cuba, donde reposan los restos del sabio francés André Voisin, fallecido en La Habana el 21 de diciembre de 1964. Por la rareza y apariencia rústica se incluye en la relación la tumba jardín de Antonio San Miguel y esposa.

El mausoleo de los Bomberos estremece por su belleza artística y la triste historia que encierra. Un

incendio a finales del siglo XIX, motivó su inauguración el 24 de julio de 1897, cuando fueron sepultados en su base los bomberos que murieron cuando
les cayera encima los escombros del edificio donde
apagan un voraz incendio, en la esquina de Lamparilla y Mercaderes, La Habana Vieja. La más monumental obra de Colón se le debe a los españoles
Julio Martínez, arquitecto, y Agustín Querol, escul-
tor. Se ejecutó en Génova, mientras su montaje se
hizo en Cuba. Costó más de 55 mil pesos oro. En su
base se exhiben en bajorrelieve los rostros de las víctimas, menos la de uno por no disponer el artista de
su foto o retrato pintado, de ahí que Querol sustitu-
yera el rostro de aquel bombero por el suyo.

El monumento de los Bomberos exhibe un conjunto
escultórico en su parte más alta que representa el
ángel de la fe conduciendo a los héroes a la eternidad, así como cuatro estatuas en la base que repre-
sentan el martirio, el dolor, el heroísmo y la abne-
gación, además de las leyendas sobre los hechos he-
roicos protagonizados por los bomberos en el sinies-
tro de la Ferretería Isasi, el 17 de mayo de 1890.

Otros panteones guardaran los restos de presiden-
tes cubanos, como el de José Miguel Gómez, quien
dejó manifiesta su arrogancia, cuando pidió construir su tumba de tal forma que el día en que colo-
caran allí el féretro con sus huesos, obligatoria-
mente los cargadores tenían que inclinarse y bajar
sus cabezas al entrar al recinto fúnebre. El primer
presidente de la República de Cuba, Tomás Estrada
Palma, fue sepultado en la necrópolis santiaguera
de Santa Ifigenia, en tantos tres mandatarios han
sido inhumados en tierras extranjeras: Gerardo Machado, Carlos Prío Socarrás y Fulgencio Batista.

Por la gran capacidad se destacan el monumento a

las víctimas de los buques Manzanillo y Santiago de Cuba, hundidos por submarinos nazis el 12 de agosto de 1942; el panteón de los Veteranos de la Guerra de Independencia, así como el de las Fuerzas Armadas Revolucionarias

Mención aparte merece el monumento de mármol negro alemán de Natividad de Viena, por la sobriedad y elegancia. En su lápida hay un gran óvalo de cristal con el retrato de la finada, una leyenda con las letras doradas y las iniciales OXW. La difunta natural de Austria, había llegado a La Habana en 1936 y murió a los setenta años de edad de cirrosis hepática. Toda la fortuna la empleo en la construcción de su tumba.

Hacia 1947, en la planta cementerial tomaron auge las diversas manifestaciones arquitectónicas del eclecticismo europeo, así como del modernismo, y por su riqueza histórica, artística y arquitectónica en la época fue valorada por encima de los 50 millones de dólares, una fortuna destinada en memoria de la Parca. En la actualidad y pese a la pátina del tiempo, el descuido en el mantenimiento, las profanaciones y hurtos ejecutados por individuos sin escrúpulos (18), resulta difícil calcular el real valor artístico de Colón. Para salvaguardar tanta riqueza arquitectónica y escultórica desde hace varios años se acomete un meticuloso trabajo de restauración.

Por su extensión, valor arquitectónico, escultórico y significado histórico y cultural, en 1987 fue declarado Monumento Nacional. El documento expresa:

"Fundada oficialmente el 30 de octubre de 1871, poco más de 123 años, la necrópolis habanera muestra y conserva en sus 56 hectáreas de superficie las evidencias materiales que testimonian el desarrollo económico-social, artístico y espiritual de la sociedad capitalino [sic] fundamentalmente, sin perder por ello su vínculo con lo nacional y lo universal".

ANGELA ORAMAS CAMERO

Sepelios sonados

Lo más importante es vivir
(José L. Sanpedro)

En el cementerio de Colón yacen muchos representantes de la época colonial, entre ellos Capitanes Generales de la Isla, así como próceres de la Guerra de Independencia e importantes figuras políticas y culturales de los períodos republicano y socialista, cuyos entierros fueron acompañados por un numeroso público.

No muy lejos de la entrada principal, un gorrión fue sepultado con honores en el Cementerio de Colón a finales del siglo XIX, panteón donde también descansa un Capitán General de la Isla. El asunto salió publicado en la prensa de los colonialistas españoles, con motivo de que esta pequeña ave, de apariencia melancólica y abatida, había sido identificada con la añoranza que mostraban los soldados peninsulares a su arribo a la Isla. Una tarde, el gato de una familia criolla mató el gorrión que había sido amaestrado en el patio de un alto oficial español. Hubo funerales en el Palacio del Segundo Cabo y a la mañana siguiente partió el cortejo acompañado de ofrendas florales y numerosos militares españoles.

Asimismo, gobernadores de la colonia, marqueses, condes y en general españoles pertenecientes a la aristocracia, que por diversas razones murieron en

La Habana, la mayoría por enfermedades como la fiebre amarilla, yacen en esta necrópolis, entre ellos, los respectivos Gobernadores y Capitanes Generales de la Isla: Alejandro Rodríguez Arias y Rodolfo, murió en 1893, y Manuel Salamanca Negrete, natural de Burgos, falleció en 1890.

Al listado se añaden los nombres de Jacobo de la Pezuela Lobo, historiador español, inhumado el 4 de octubre de 1882; Ángel de Tiedra Alonso Herrera, duque de Amblada, Marqués de Tierra, inhumado el 13 de enero de 1955; Conde de Rivero, Nicolás Rivero y Muñiz, natural de Oviedo, falleció el 3 de junio de 1919, fue director y propietario del Diario de la Marina, llegó a Cuba cuando era Comandante de los Ejércitos Carlista; Constantino Ribalaigua, natural de Lloret del Mar, Cataluña, dueño del famoso restaurante Floridita, quien le dio publicidad internacional a la fórmula etílica conocida por daiquiri, cuya bebida solía beber el célebre escritor Ernest Hemingway (vivió en Cuba por más de 20 años), y el Marqués de Balboa, Pedro José Navarro de Balboa y Montañés, título concedido por el rey Alfonso XII, en 1880.

Las tumbas de los Quintos del Ejército Español, extraviada con los años y hoy cubiertas de hierbas, fueron levantadas en el Cuartel S.E., en los cuadros comunes 10, 5, 18, 20, 24 y 27, donde ocho mil de ellos fueron sepultados durante las guerras de 1868 y 1895 en humildes fosas en la tierra.

En Colón ha encontrado reposo figuras cimeras de las letras y el pensamiento cubanos como Julián del Casal, Eliseo Diego, Nicolás Guillén, Juan Marinello, José Antonio Portuondo, Alejo Carpentier, y de las artes plásticas: Portocarrero, Amelia Peláez, Gelabert, así como de la música: Gonzalo Roig, Cervantes, Bola de Nieve y el creador de la Guantanamera, Joseíto Fernández, entre muchos más.

La memoria habanera recuerda los entierros con gran asistencia de público, como el segundo de los Estudiantes de Medicina, fusilado el 27 de noviembre de 1871; el de Máximo Gómez, que aun siendo prócer independentista, no tuvo palabras de despedida de duelo, en 1905; el del líder del Partido Ortodoxo, Eduardo R. Chivas, en la década del cuarenta; el del llamado capitán de la clase obrera, Lázaro Peña, en 1974; el de las 80 víctimas de la explosión del barco *La Coubre,* en 1961.

También en el siglo pasado, atrajeron numeroso público los entierros del cantante Pablo Quevedo, *la voz de cristal*; María Valero, la actriz que fue arrollada por un automóvil cuando cruzaba la calzada del Malecón para observar un cometa; el de Agustín Rodríguez, compositor de *Quiéreme mucho* y 200 canciones más, así como de los libretos de las zarzuelas Amalia Batista y Cecilia Valdés.

Por su fastuosidad, se recoge en crónicas el sepelio del millonario Laureano Falla Gutiérrez, cuyo servicio funerario costó miles de dólares; incluido el ataúd de los llamados tipo monarca, traído expresamente en avión de Estados Unidos, y las decenas de coronas de flores conducidas en carrozas funerarias de lujo. Mientras que lejos del esplendor y por arbitraria disposición gubernamental, fue sepultado el general de la Guerra de Independencia de Cuba, Quintín Banderas; años más tarde sus restos fueron trasladados a un panteón acorde con su estatura patriótica.

Motiva la atención los amuletos y objetos diversos

de contenido religioso que a diario son arrojados a la entrada del Cementerio de Colón o sobre ciertas tumbas y caminos. Entre estos muñecos de trapo, mazorcas, cintas rojas y otros atributos de ritos afrocubanos. A la par han crecido los mitos y leyendas.

LEYENDAS Y CURIOSIDADES

Ver para creer
(Refrán popular)

De todas las leyendas y fantásticas anécdotas de Colón, la más conocida es la de La Milagrosa, relacionada con el amor y la maternidad. El mito lo origina la triste historia protagonizada por la bella habanera Amelia Goiry de la Hoz, hija de los marqueses de Balboa, y su primo Vicente Adot Rabell, de atrayente personalidad y de familia no tan adinerada, quien a los 16 años se incorporó a la Guerra de Independencia y alcanzó el grado de capitán. Al término de la contienda y al cumplir ambos la misma edad, 22 años, se casaron.

El 3 de mayo de 1901, Amelia muere de un complicado parto a los ocho meses de embarazo. Como consecuencia de los pocos recursos y atraso científico de la época, lenguas viperinas dijeron que el feto fue extraído a pedazos de su vientre. El cadáver de la joven madre fue sepultado solo, según costa en su acta de defunción y en el libro de enterramientos. Otra versión asegura que ambos cadáveres fueron sepultados juntos; que el feto debió ser colocado entre las piernas de la madre. Por voluntad expresa del viudo, por largos años no se hizo exhumación, de ahí que la tumba de Amelia Goiry permaneciera algún tiempo sin ser abierta. Luego echó alas la le-

yenda de que se había encontrado dentro del sepulcro a Amelia con su bebé en los brazos.

Tras la desaparición de la esposa, Vicente pareció
enloquecer y vistió de luto con un crespón negro en
el sombrero hasta su muerte, el 24 de enero de 1941.
Diariamente visitaba la tumba y en cada ocasión la
cubría con las más exóticas y costosas flores; a con-
tinuación, con una argolla golpeaba el mármol en
un intento por despertar a la amada y se entregaba
a extensos soliloquios; al retirarse siempre lo hizo
sin darle la espalda al sepulcro. La ceremonia era
observada por los curiosos, quienes atribuían el crecimiento de la fortuna del viudo a los poderes divi-
nos de Amelia.

La leyenda de Amelia aumentó a partir de la colo-
cación sobre la lápida de la tumba de una estatua,
realizada en Italia por José Vilalta y Saavedra,
amigo de Vicente. El artista, conocedor de la causa
del fallecimiento, esculpió la figura de Amelia con el
bebé sostenido en el brazo izquierdo, y la mano derecha apoyada en una cruz, pues la difunta había
muerto en el Día de la Santísima Cruz. Pese a la
prohibición de Vicente de que no se acercaran al sepulcro, muy pronto muchas personas violaron tal
disposición y por la suerte de la imaginería popular
nació La Milagrosa, la más famosa leyenda del Cementerio de Colón; ninguna otro panteón, mausoleo
o tumba atrae tanto público como ella.

A los pies de La Milagrosa, diariamente sus cre-
yentes depositan numerosas flores; acarician su figura pétrea y la del bebé. Le cubren de atributos,
rezos, promesas, peticiones y le cuentan infortunios

o éxitos. Nunca le dan la espalda, imitando la ceremonia de Vicente. Casi frente a su tumba se halla el ángel de mayor altura en todo el camposanto, esculpido en mármol blanco.

Hace algunos años otra tumba despertó la curiosidad pública. En ella, y según una versión periodística, descansan los restos de la hermosa mulata que motivara la célebre novela *Cecilia Valdés*, del escritor cubano Cirilo Villaverde. De acuerdo con una investigación, en 1893, a la edad de ochenta y un años, fue enterrada una mujer llamada Cecilia en el sepulcro ubicado en un apartado rincón del cementerio. Sin embargo, persiste la duda de que se trate de la misma moza que inspiró al mencionado escritor.

Tiempo atrás, en Colón hubo suicidios espectaculares y raros hallazgos de cadáveres momificados y otros que con muchos años de enterramiento permanecían intactos, como el primer día del sepelio. En noviembre de 1947 un joven se arrodilló frente a la tumba de la novia fallecida desde hacía un año y de un balazo se quitó la vida. En 1912, José Calego, empleado de una tienda de sombreros, también se dio un disparo en la sien sobre la lápida de su compadre.

No lejos de ese lugar, pero en 1932, el 28 de septiembre, se intentó sepultar el doctor Clemente Vázquez Bello, muerto la víspera en un atentado a tiros en el Country Club, en las afueras de la capital cubana. Había sido presidente del senado de la República, dirigente del Partido Liberal y figura prominente del gobierno de Gerardo Machado.

Al sepelio debía concurrir el dictador, por lo que elementos revolucionarios colocaron dinamita en una alcantarilla próxima al sepulcro que recibiría los restos de Vázquez Bello. Sin embargo, el plan se frustró cuando la viuda del senador, a última hora, decidió que el enterramiento se efectuara en el panteón de la familia de ella, en Santa Clara. Los detalles expuestos se conocieron día después, cuando una señora que dentro del Cementerio de Colón cortaba yerbas para su chivo, avisó al celador de la presencia de un artefacto situado en la alcantarilla.

Otros hechos en Colón darían pie para un extenso libro de anécdotas fantásticas. Contaremos los más significativos. Los casos de momificación ocurrieron con mucha frecuencia en los cuadros de los terrenos calizos. Esta condición de la tierra y de los antiguos ataúdes de hierro, llamados por su forma tiburones, contribuyó a la conservación extraordinaria de los cuerpos sin vida.

Una muchacha con su vestido blanco de novia, inhumada desde hacía tiempo, y el cadáver de un niño de seis años, fueron encontrados en perfecto estado de conservación. Hay versiones de otros cuerpos que al cabo de sesenta años de sepultados fueron hallados momificados de manera natural, como sucedió con el cadáver del general Joaquín Manzano, quien fuera Segundo Cabo de la Isla, muerto en 1868. Un celador afirmó que estas momificaciones se originaron exclusivamente en la zona de los hallazgos de cadáveres conservados.

Otro celador aseguró que en sus más de treinta años en el oficio jamás vio un fantasma en el Cementerio de Colón, pero que una noche en su recorrido habitual por los cuartones del fondo de la planta cementerial le pareció ver alzarse de sobre una tumba una figura humana, que luego vio correr y saltar por entre los sepulcros. Ya cerca el vigilante le dio el alto, y al detenerse el supuesto fantasma explicó que la tarde anterior había entrado a la necrópolis totalmente ebrio y que se quedó dormido sobre una tumba hasta despertar en horas de la medianoche, cuando fue descubierto.

Durante años se puso en duda si el alemán Heins August Lunning había sido enterrado en el Cementerio de Colón, debido a que en ciertos círculos habaneros se aseguraba que este espía nazi no había sido fusilado. En realidad, su ejecución tuvo lugar al amanecer del 10 de noviembre de 1942 en los fosos del Castillo del Príncipe, y su cadáver fue de inmediato trasladado al camposanto bajo total discreción. Más tarde sus restos fueron llevados a bordo del barco *Lahtien* hacia su país natal.

Uno de los entierros más sonados aconteció en el segundo decenio del siglo XX, cuando por primera vez se trasladó el ataúd hasta el cementerio sobre el chasis de un automóvil. Los periódicos de La Habana reflejaron la noticia en primera plana con grandes titulares, como el aparecido en el diario *El Mundo*, el viernes 12 de mayo de 1916: *Un entierro en Ford*. A renglón seguido refería. *Ayer se efectuó el entierro más original de cuantos hasta la fecha se ha llevado a cabo en esta ciudad, un entierro automovilístico* (...) El ataúd con el cadáver del fallecido, el mecánico José Oliva Borges, fue colocado sobre el mismo vehículo que le causara la muerte al volcarse en la esquina de Línea y C, en la barriada habanera del Vedado.

Días después, durante la celebración de carreras de autos, hubo otras dos muertes por accidente, ente ellas la del campeón Máximo Herrera. Los periódicos volvieron a referirse a la enorme multitud de pueblo que acompañó al sepelio, pero con la observación de que el cortejo fue integrado por centenares de automóviles de la marca Ford, que partieron desde la funeraria donde habían sido velados los fallecidos, hasta el Cementerio de Colón. Curioso resulta también que en esta misma esquina, en la presente centuria continuaron los accidentes, al punto de que las autoridades del tránsito hayan puesto una barrera de protección en tal sitio.

Ya en la tercera década del siglo pasado, La Habana estaba inundada de automóviles, ómnibus con motor, camiones y motocicletas, la mayoría procedente de Estados Unidos y Gran Bretaña. Los primeros automóviles entraron a Cuba entre 1902 y 1907. Pero entonces como regla, no solían traspasar las puertas del Cementerio de Colón, pues los usuales eran los coches halados por caballos.

Lejos de los mausoleos de asombrosa pompa se encuentra la tumba donde fue enterrado de pie Eugenio Casimiro Rodríguez Carta, ha mediado del siglo XIX. En el área, una de las tumbas más curiosas es la Lira del cantor Da Terriña, donde fue enterrado en 1920 el emigrante gallego Teijeiro, nacido en Galicia en 1858, quien hizo mucho desde La Habana a favor de sus paisanos más pobres, para proporcionarles protección, escuelas y trabajo. Se le recuerda por cultivar los cantos y la poesía de su terruño, que despertaban la nostalgia. En la simbólica lira levantada sobre su lápida, la esposa e hija escribieron una leyenda en su memoria: *Non mais emigración. Caldo de grelos. Aturuxos. Milicroques.*

Al mundo de las curiosidades pertenecen varios sepulcros. Una es la bóveda más antigua con los restos de un banderillero de la cuadrilla del gran torero español Mazantini, José Fernández Calleja, alias Barbi, fallecido el 21 de febrero de 1887; otra es la diseñada con un juego de dominó y la ficha del doble tres, pues con esta pieza que significaba ganar, murió de emoción la dama que yace en este sitio. Otra tumba curiosa es la del campeón Raúl Capablanca (19)[19], muerto en 1942, sobre esta se alza una pieza de ajedrez, como para custodiar al rey que ahí yace.

Muy visitado y hasta venerado es el sepulcro de Mrs. Jeannette Ryder, 1866-1931, fundadora del Banco de Piedad de Cuba. El monumento erigido por suscripción pública y a iniciativa de la institución que ella creara en La Habana, consiste en las figuras rústicas de una mujer acostada y un perro echado a los pies de esta.

Cuentan que cuando la señora Ryder falleció, la perra Rinti, uno de sus canes favoritos, acompañó el cortejo fúnebre hasta el cementerio. Tras haber sido enterrada la dueña, el animalito se echó sobre la tumba para nunca más levantarse, ni siquiera para beber agua, y ahí murió. En correspondencia con la

---

[19] **José Raúl Capablanca.** Nació en La Habana el 19 de noviembre de 1888. A los 4 años de edad aprendió, jugando con el padre, los movimientos del ajedrez y a los 11, se convirtió campeón de ajedrez de Cuba (1900). Nunca leyó libro alguno de ajedrez. Muy joven devino también en Campeón Mundial. En 1908 Capablanca recorrió los Estados Unidos para participar en un campeonato y rompió todos los record. Jugó 168 partidas en 10 sesiones consecutivas. Anotó 703 victorias, 19 empates y 12 derrotas. Se enfrentó al campeón estadounidense Frank Marshall y lo venció por 8 a 1 con 14 empates. En toda su carrera perdió solamente 36 partidas de un total de 567. En marzo de 1942 sufrió una embolia cerebral cuando analizaba un juego en el Club de Ajedrez Manhattan, y muere al día siguiente. Con grandes honores fue sepultado en el Cementerio de Colón, tenía 53 años de edad.

conmovedora historia fueron realizados los relieves de piedra sobre la lápida. En el aniversario de la muerte de Ryder, ante su tumba se lleva a cabo ceremonias y discursos recordatorios, auspiciados por la sociedad de canes de la Isla. Perros amaestrados son llevados al lugar y a una orden, emiten aullidos al mismo tiempo.

En contraste con la ostentación de los ricos, fue el entierro de una dama adinerada que dejara escrita la solicitud de ser inhumada en el campo de los humildes para que la fortuna destinada a los funerales fuera repartida entre los pobres de escasos recursos económicos.

EL ARQUITECTO CALIXTO LOIRA CARDOSO

Es profanación
el vergonzoso olvido
de los muertos
(Epitafio en Colón de José Martí)

De paso por La Habana un visitante preguntó dónde se hallaba el fabuloso Cementerio de Colón, al llegar a la planta cementerial, de estructura rectangular, recorrió las cuatro caballerías visiblemente impresionado y antes de marcharse escribió en hoja suelta que hemos tenido a bien transcribir:

"No he podido contener mi asombro y admiración por la tanta belleza arquitectónica y escultórica que he encontrado en este museo funerario, algo que no podré olvidar, donde curiosamente en medio de la abundante presencia de esculturas no existe una estatua de su principal creador, el arquitecto gallego Calixto Loira Cardoso".

La trayectoria de Calixto Loira Cardoso por la vida fue breve, como una ráfaga de juventud prodigiosa, truncada por la muerte a los 32 años de edad, precisamente cuando construía en La Habana el más importante y fabuloso monumento funerario del Nuevo Mundo. Era el sábado 28 de septiembre de 1872.

Por esos sortilegios del destino, la existencia de Calixto está signada por La Parca desde el primer día que abrió sus ojos al mundo, el 3 de junio de 1840, en Ferrol, la entonces principal villa gallega. El azar de un amor extramatrimonial del padre, el militar nacido en La Habana, Felipe Loira Cardoso[20], propició que los primeros años de su niñez se mantuvieran bajo el manto del silencio.

Una investigación permite ahora el acercamiento a realidades y conclusiones sobre esta sorprendente figura, no obstante las inevitables especulaciones y misterios como la identidad de la madre, de quien ni si siquiera se conoce el nombre, mientras se presume su muerte después del parto. Cierto es que el pequeño fue depositado en el Hospicio de Ferrol con los nombres y apellido de Calixto Aureliano Rey y poco después, el 31, del mismo mes y año de nacimiento, la institución lo entregó a don Andrés de Anca y doña Vicenta Vellón, mediante el pago de honorarios para que se encargaran de su crianza en el período de la lactancia materna.

Del orfanato se conoce que se hallaba en los bajos

---

[20] **Felipe Loira Cardoso.** Nació en La Habana el 17 de mayo de 1796. Cuando cumplió 24 años prestó servicio militar en el Regimiento de Infantería de Costa Firme, donde se distinguió por su valor y la habilidad para el dibujo, pues sobre los mapas movía las ubicaciones tanto del ejército español como el de Simón Bolívar. Derrotadas las tropas españolas, Bolívar personalmente le propuso que pasara a sus órdenes y abrazara la causa independentista, lo cual fue rechazado por Loira, fiel a la Corona de España. Su azarosa vida castrense abarcó 44 años. Murió en su casa de Lamparilla 80, La Habana, a los 83 años de edad, el 3 de junio de 1876. Cuatro años antes, había muerto su hijo Calixto, autor del proyecto arquitectónico del Cementerio de Colón.

del Hospital de Caridad, y según recoge la historiografía de Ferrol, los hospicianos tenían una banda de música que tocaba en las funciones públicas, además de asistir con faroles encendidos a los entierros, por lo cual se cobraba una retribución en ayuda al sostenimiento del propio centro.

No obstante la atención que al parecer recibían los huérfanos mayorcitos, faltaba una mejor alimentación para los menores. Por ello, la Junta Municipal de Beneficencia dispuso el pago a nodrizas de la ciudad o de sus alrededores para que lactaran a los bebés. La disposición gubernamental estableció que estas mujeres fueran retribuidas de sus trabajos por cuenta de los fondos municipales, y a partir de ese momento, los gastos para la lactancia a los denominados hijos naturales fueron cubiertos por el presupuesto provincial.

Sin pompa fue celebrado el bautismo del hijo bastardo de don Felipe Loira Cardoso, en la parroquia de San Julián de El Ferrol. De acuerdo con el certificado de fe de bautismo, el 5 de julio de 1840, don Pedro José Alonso, capellán del Hospital de Caridad, derramaba el agua bendita sobre la cabeza del infante de un mes y tres días de nacido, Calixto Aureliano Rey, a quien sostenía en brazos la madrina, Rita Carballeira, una vecina de la misma villa. Solo se escuchaban las palabras del sacerdote y los rezos. El exiguo grupo presente en el sagrado acto del cristianismo lo conformaron el padre, los abuelos paternos don Matías de Loira y doña Magdalena Cardoso, la madrina y el párroco.

La ceremonia fue asentada con el folio 322 del libro 24 de bautizados de la parroquia, con los mismos nombres y el apellido Rey que le había sido otorgado por la condición de auspiciado. Luego de concluida la ceremonia, el pequeño fue devuelto al hogar destinado por la municipalidad benéfica para su lactancia.

La parroquia de San Julián, cuya primera piedra se colocó el 6 de julio de 1765, como parte del barrio residencial de la Magdalena, y próxima al Arsenal, fue diseñada con los principios del academicismo; su interior es simétrico y equilibrado de planta de cruz griega, según los dibujos de Julián Sánchez Bort; fue terminada entre 1782 y 1783; muestra también una gran cúpula central y su fachada incluye dos altas torres. Fue emplazada en el lado sur del plano de la nueva población, entre el barrio de Esteiro y el de Ferrol Vello, así como un nexo de unión entre las instalaciones militares aisladas por un foso y un núcleo de calles rectas con edificios.

En el tintero de los enigmas continúan sin claridad lo acontecido con la crianza del pequeño Calixto hasta los tres años de edad. Por eso no hay indicios de cómo fue informada doña Rosario Sánchiz López del Pan, de la existencia del hijo natural de su esposo. En el campo de la especulación queda la posibilidad de que haya sido el propio marido quien la impusiera del asunto, pues era inminente la partida de la familia hacia Cuba. Tampoco eliminamos la probabilidad de que la noble mujer supiera de este hijastro a través de los rumores, llegados a sus oídos intencional o maliciosamente.

Se sabe que la misma doña Rosario buscó al niño, ya con tres años de edad, y lo trasladó a su hogar en Madrid, para ser acogido sin discriminación ni desigualdad material. Fue este, sin lugar a dudas, un momento trascendental para el desarrollo de la personalidad de Calixto. El muchacho llamaba la atención por el parecido con el padre, así como por su vivacidad y simpatía, atributos que contribuyeron a que pronto se adaptara a la nueva convivencia con aquella familia que, en realidad, era también la suya. Muchos años después, él recordaría su crianza en el seno del hogar paterno, rodeado del mismo amor filial que recibiera su hermana María Isidra.

En la víspera de la salida hacia Cuba, el pequeño Calixto se hallaba intranquilo. Era la primera vez que viajaría en un buque y conocería la tierra natal del padre y abuelos paternos. Don Felipe también le había contado que Cuba estaba situada en la otra cara del globo y que para llegar a ella se navega durante un mes. Una y otra vez, los dos hermanos hojeaban el mapa colocado sobre una mesa. Particularmente, Calixto tomó el asunto como un juego, y solía empinarse hasta lograr poner el dedo índice encima del dibujo de la islita, estrecha y alargada, que más bien se le antojaba un caimán en pleno reposo, sobre las aguas azules del Caribe.

Mientras tanto, a doña Rosario le parecían pocas las cosas que colocaba dentro de grandes baúles, donde ya había depositado mantas, ropas apropiadas para el trópico, alimentos y medicinas. La niña, María Isidra, quiso llevar consigo su almohada y Calixto se echó en el bolsillo un soldadito de plomo. Atrás quedarían Ferrol, La Coruña y Madrid, las ciudades que vivirían envueltas en las añoranzas de aquellas criaturas. Suavemente la nave se fue alejando del territorio de España y ya no hubo otro paisaje que no fuera cielo y mar. A veces la amenaza de una tormenta suscitaba la preocupación entre los pasajeros. Algunos contaban experiencias poco halagüeñas y hasta había quien ponderaba las difíciles situaciones que debieron salvar en alta mar otros barcos a punto de naufragios, embestidas por fuertes vientos y lluvias.

Pero aquellos días de navegación fueron espléndidos. A los muchachos les encantaba observar las gaviotas revoloteando alrededor del barco, las más atrevidas se posaban en las amuras de la proa; la presencia de las aves indicaba la proximidad de la Isla. El 4 de enero de 1845, por fin el velero fondeaba en el puerto de Carenas, La Habana, que a esa hora de la mañana se encontraba atestado de barcos de guerra, buques de diversas partes del mundo comercial y botecillos deslizándose por la tranquila bolsa de la bahía, custodiada por tres castillos emblemáticos, El Morro, La Punta y La Fuerza.

Extraña y pintoresca, llena de animación, misticismos y ruidos, apareció La Habana ante los asombrados ojos de doña Rosario Sánchiz y los niños. Un rato después, la familia abandonó la Casa de Aduana. A pocos pasos del muelle, la familia Loira y Sánchiz del Pan abordó un carruaje tirado por caballos; el quitrín que iba delante, al niño le pareció un enorme insecto de largas patas. El conductor iba montado sobre una mula; era un negrito con botas acharoladas anudadas hasta la rodilla y uniforme de chaleco rojo y pantalón blanco.

Apenas el típico coche habanero avanzó por las estrechas y empedradas calles, cesaron los comentarios de los recién llegados, quizás porque las construcciones, en mayoría de cal y canto, techadas con tejas rojas, recordaban mucho a las de la Península.

En el caso de doña Rosario era lógico pensar así, pues sobre todo la influencia mudéjar de la España del sur, estaba reflejada fuertemente en las construcciones de la capital cubana, con hermosos trabajos de carpintería, patios centrales y aljibes para almacenar el agua de lluvia, puesto que la subterránea era salobre.

Las casas coloniales habían sido construidas con alto puntal para favorecer el ambiente fresco en los interiores, en las ventanas y puertas proliferaron los medios puntos, con vitrales de vivos colores para amortiguar la luz intensa del trópico. En estas viviendas señoriales se puso de moda embellecer salas y salones de visitas con murales de paisajes y cenefas. Las fachadas ofrecían un diverso y agradable colorido. Por lo general los españoles pintaban por fuera sus moradas de amarillo mostaza y rojo, mientras que los criollos, de azul añil y blanco.

Poco antes de la mitad del siglo XIX, La Habana se distinguía por un acelerado desarrollo. Ya disponía del acueducto Fernando VII que aprovechaba las represas de la Zanja Real y del alumbrado público, que primero fue de aceite y luego de gas. Los antecedentes del mencionado acueducto se remontan a los trabajos ingenieros de Juan Bautista Antonelli en el sitio conocido por el Husillo, a orillas del Almendares, al oeste de La Habana, cuando en la segunda mitad del siglo XVI y bajo el reinado de Carlos III, diseñó una presa y construyó un muro sobre el canal del río. Este embalse facilitó enviar agua por la Zanja Real que tenía 12 kilómetros de longitud hasta la Plaza de la Catedral, próxima a la bahía de La Habana, donde todavía se encuentra la tarja con la leyenda: *Esta agua traxo el maesse de campo Ivan de Texeda. Anno de 1592.*

Fue la Zanja Real el único acueducto abierto utilizado por los habaneros durante más de doscientos años, reemplazado por el Acueducto de Fernando VII y este a su vez fue sustituido en 1893 por la maravillosa obra ingeniera que lleva el nombre de su creador, el Acueducto de Albear. Mientras el alumbrado de gas, tanto a La Habana como a Matanzas, se le debió al acaudalado gallego Ramón Plá y Monge, quien sin proponérselo convirtió a Cuba en el tercer país del mundo con este servicio público.

Entretanto, los baños públicos con gran lujo se multiplicaban y eran techados los de mar; crecía la aceptación y el gusto por los productos de la pescadería en el boquete de Los Pimienta, con su gran mesa de mármol; desde 1837, y mucho antes de que lo hiciera España, la ciudad contaba desde 1838 con el primer tramo de ferrocarril, entre La Habana y Bejucal, con la primordial función de conectar las zonas azucareras con el puerto.

Por su lado, las mansiones de la aristocracia habanera, muy en particular las de los condes, duques, marqueses y hacendados criollos, acaparaban la atención de los transeúntes por la indiscutible suntuosidad, así como por la ecléctica belleza arquitectónica, las que a partir de 1855 contaron con la luz eléctrica. Aumentaba la población y de ahí la profusión de volantas, quitrines y los nuevos carruajes hacían casi imposible el tránsito por las vías intramuros. La familia de nivel medio poseía un coche y en la adinerada, cada miembro tenía el suyo, incluso hasta los adolescentes disfrutaban particularmente de tal confort.

De todos los edificios de la capital cubana, el que

generaba los mayores comentarios era el Teatro Tacón, inaugurado en 1838, uno de los más importantes de Hispanoamérica, amplio, ventilado y hermoso, que brindaba frecuentes temporadas de ópera
con la participación de compañías italianas y francesas, incluidas algunas de renombre en Europa.
Una noche, don Felipe Loira llevó a su mujer al teatro para disfrutar de la pieza *El campanero de San
Pablo* y del baile de dos damitas españolas vestidas
de negro y plata. Rosario admiró la riqueza y elegancia del teatro, pintado de blanco y amarillo, lleno
de butacas cómodas de color rojo. Se fijó que en la
delantera de los palcos había una delicada reja do-
rada y que el palco del gobernador era el más grande
de todos y el mejor adornado.

Tanto significaba para los habaneros el Teatro Tacón, que su espacio fue respetado y dio origen al
Teatro Nacional cuando a principios del siglo XX fue
integrado al proyecto del majestuoso palacio del
Centro Gallego. En la actualidad la mencionada
sala del teatro se nombra García Lorca, sede del Ba-
llet Nacional de Cuba.

Cerca de un año vivió en la ciudad de La Habana
la familia Loira, con motivo de que Felipe había sido
destinado a las inmediatas órdenes del Capitán General de la Isla. Muy pronto Rosario se adaptó al
modo de vida en la capital cubana, aunque en realidad tardó mucho en acostumbrarse a dejar todas las
ventanas abiertas durante la noche. Al amanecer,
luego del toque de diana se abrían las puertas de la
muralla e inmediatamente penetraban a la ciudad
intramuros los carretones cargados de frutas, ver-
duras, aves de corral, cajas de azúcar, y de tercios
de tabaco, así como de otros productos. De inmediato, se escuchaban los pregoneros y en el puerto el

bullicio también era enorme.

Un domingo, Felipe prometió al pequeño Calixto llevarlo a jugar en la Plaza de Armas y le explicó las funciones que cumplían cada uno de los bellos edificios que rodeaban al legendario parque, en cuyo centro sería colocada la estatua del rey Fernando VII. Comenzó por El Templete, donde una leyenda ubica la frondosa ceiba fundacional de la ciudad que ofreció sombra a la primera misa y reunión del cabildo de la villa de San Cristóbal y seguidamente le mostró la fachada del Palacio de los Capitanes Generales, residencia del Gobernador de la Isla. A un costado de la plaza, el Palacio del Segundo Cabo ofrecía su agradable emplazamiento. Ya que se encontraban muy cerca del Castillo de La Fuerza, Calixto pidió al padre que lo llevara hasta la entrada a la fortaleza para observar el cambio de la guardia de los soldados, así como la entrada de los buques en el puerto de Carenas.

Había llegado el día de partir hacia San Antonio de los Baños, y la negra Tomasa, enfundada en su atuendo de impecable blanco, preparó con mucho esmero y cierta urgencia el ajiaco encargado por Rosario, que estuvo listo sobre las once de la mañana. Tras el apetitoso almuerzo la familia Loira y Sánchiz se trasladó en tren hasta Bejucal y luego, en carruaje, continuaron el viaje rumbo a San Antonio de los Baños. Los paisajes observados por los pasajeros les parecía un verdadero regalo visual, pues a ambos lados crecían los bosques proveedores de la madera preciosa que a diario era cortada y enviada al Arsenal de La Habana, el más importante de Hispanoamérica, donde se construían los mejores barcos del mundo, entre ellos los de la Armada de Barlovento, según comentara don Felipe Loira.

Cierto es que el Navío Santísima Trinidad, el de mayores proporciones de la Armada Española, fue construido en tal astillero, botado al mar en 1769, el que por su calidad despertaba la envidia de constructores ingleses y franceses. También se conocía que las naves realizadas con la madera de Cuba, lograban ser explotadas por más de 40 años. Puertas y ventanas de *El Escorial*, en Madrid, fueron hechas con las maderas preciosas de los bosques de Monte Vedado y de San Antonio de los Baños.

En el bucólico paisaje cubano, los árboles de mayor proliferación son la palma real y la ceiba. Por eso, sus casi permanentes y abundantes apariciones durante el viaje a San Antonio Abad, también llamado de los Baños, llamaron la atención de los niños, pues ellos con anterioridad ya los habían visto en los parques capitalinos donde solían jugar a la sombra de estos, y hasta le habían dado tres vueltas a la ceiba sembrada frente a El Templete, siguiendo una antigua tradición. En otros sitios del trayecto, las plantaciones de café mostraban su riqueza y las flores silvestres se amontonaban con explosión de colorido junto a las cercas de piedra o en los claros de la tierra intensamente roja de esta zona, a 36 kilómetros al suroeste de La Habana.

En la villa, tan celebrada por los baños en la laguna Ariguanabo, y el río del mismo nombre custodiado de palmas, y por el bello escenario montañoso de los alrededores, Felipe había sido nombrado Comandante Político y Militar de San Antonio de los Baños. De ahí que el 17 de enero de 1845 ya se encontrara al mando del Cuartel de España, en el cual se aclimataban las tropas que llegaban de la Península. Mucho tiempo después, Calixto e Isidra asegurarían que en esa comarca transcurrieron los años más felices de la infancia.

Fue en este pueblo donde Calixto aprendió a leer y escribir, así como Aritmética e Historia de España, y fue distinguido alumno muy despierto, inteligente y curioso. Entonces, él soñaba con estudiar la carrera militar y por ello solía decir: *seré militar y gobernador de San Antonio como mi papá*. No obstante, su vocación se encaminaría de manera diferente. Por aquella época dibujaba mucho y pintaba con gracia las casas y el paisaje campestre, sin sospechar que 22 años más tarde, en una academia de Madrid recibiría el título de arquitecto y legaría a Cuba el monumento fúnebre más importante de Hispanoamérica.

Quizás por haber vivido en esta villa gran parte de su infancia, desde los cinco años de edad y hasta los once, Calixto se consideraba natural de San Antonio de los Baños, la ciudad que por enigmática virtud inscribe en el patrimonio cultural de Cuba a un grupo de famosos creadores del arte y la música, entre quienes figuran el cantautor Silvio Rodríguez y los caricaturistas Manuel Alfonso, Peroga, Eduardo Abela y René de la Nuez, los últimos crearon los famosos personajes de *El Bobo* y *El Loquito*. También vivió en este terruño habanero, a partir de los doce años de edad, el célebre dibujante y humorista español, Posada.

Sobradas razones existen para que en la actualidad a San Antonio de los Baños la denominen también La Villa del Humor. En los lienzos y cartulinas del paisajista Quindiello, el pintor de este pueblo, seguirá latiendo la ciudad de los artistas, con el espíritu de la gente de ayer y de hoy, sin olvidar al puente de la Calzada Real y al río Ariguanabo que nace en la laguna y se oculta en la cueva que a la entrada tiene por guardián una ceiba centenaria.

La villa de San Antonio Abad se inició a partir del Hato de Ariguanabo, donde un español, Tío Cabrera, alzó su taberna a finales del siglo XVIII. Se asegura que su fundación fue perfectamente planificada una noche, a la luz de un velón de cera, y que entre los más fuertes defensores de la idea se encontraba un grupo de mexicanos, cortadores de madera. Dos semanas más tarde las chozas crecieron alrededor de la taberna y Tío Cabrera prosperó tanto que hasta pudo abrir La Primera de San Antonio, una bodega que siempre estuvo surtida de jamones. De tal suerte, este gallego alcanzó el título de marqués. En 1768, San Antonio Abad tuvo categoría de pueblo y más tarde lo coronaron, 1831, con el título de ciudad y el escudo, en el cual serpentea el río Ariguanabo.

No por gusto María de las Mercedes Santa Cruz, la condesa de Merlin, atraída por los beneficios de los baños del río Ariguanabo, mandó construir un palacio en esta villa, donde la aguardaba un romance y escribiría epístolas de gran valor para la historiografía local. Es sabido que la Condesa de Merlin estuvo relacionada con las transformaciones industriales de la Isla. A su tío, el Conde de Casa Montalvo, junto con Arango y Parreño, se le debe la primera máquina de vapor llegada a Cuba para ser utilizada en la fabricación de azúcar, y fue precisamente el padre de esta dama de abolengo, el Conde de Jaruco, quien primero llevó a sus ingenios el citado adelanto tecnológico.

En San Antonio de los Baños encontraron buen refugio el conde Felipe de Orléans y su hermano, príncipe; entretanto el acaudalado don Nicolás Chacón y Castellón alzó un cobertizo de recreo en su hato, situado justo donde en 1793, después de un diluvio, desapareció el mencionado pabellón con motivo del surgimiento allí de la laguna Ariguanabo.

Maravillosamente mezcladas con la historia se hallan las leyendas de este pueblo, creado sobre la fértil llanura de suelo rojo, alrededor de 1768. Entonces, sus feligreses dependían de la Parroquia del Guatao, localidad donde según cuentos populares ocurrió una fiesta que finalizó en tragedia, por eso cuando alguien en Cuba quiere sintetizar una situación parecida a aquella, suele decir que terminó como la fiesta del Guatao.

Junto al incipiente caserío que origina años después la villa, señoreaba Ariguanabo, voz india que significa río del palmar, el cual se perdía en la gruta, donde los fundadores españoles dijeron haber visto aparecer a San Antonio Abad, y por eso le pusieron a este pueblo tal nombre. Pero *como era antes de buen gusto bañarse en mis aguas* -le oyeron decir al río-, y *los habaneros desdeñaban las playas de su rada y venían a sumergirse en las corrientes frías de mis aguas guajiras*, pues en el siglo XIX los pobladores resolvieron definitivamente ponerle a la ciudad San Antonio de los Baños.

Años después, la familia Loira se trasladó para la capital y se mudó para una de las 463 edificaciones de La Habana intramuros, que entonces abarcaba

142 hectáreas, la hoy Habana Vieja o Centro Histórico de la Ciudad, declarada por la UNESCO Patrimonio de la Humanidad, el 14 de diciembre de 1982.

El asalto constante ejecutado por piratas y corsarios a La Habana en los siglos pasados, obligó a las autoridades españolas a dotarla de una muralla con largo total de 2 44 metros, cuya utilidad fue siempre cuestionada hasta su demolición en 1863. Un cañonazo de salva disparado desde el borde del murallón de la Fortaleza de San Carlos de La Cabaña a las 9 de la noche, anunciaba a la población que las puertas de la muralla serían inmediatamente cerradas y retirada la cadena flotante a la entrada del puerto. La fortaleza fue bautizad con el nombre de su ideólogo, el rey Carlos III, inaugurada en 1774, con más de 700 metros de largo, la mayor de América en la época.

La novedad del cañonazo despertó la curiosidad del adolescente Calixto, que ya había cumplido 13 años de edad, y por eso varias veces, acompañado por el padre visitó la explanada donde se hallaban ubicadas las piezas de bronce fundidas en Sevilla en el siglo XVIII. El muchacho observó que cada cañón tiene inscripto su nombre como La Parca, Ganímedes, Capitolino y Ruperto.

Pero la mayor parte del día, Calixto se la pasaba estudiando, en la Escuela Especial de Náutica, dirigida por don José María del Haro. Cada mañana, entraba en el colegio marcado con el número 100, que se hallaba en el Paseo del Nuevo Prado, lleno de ilusiones y con la esperanza de ganarse una beca para continuar en el futuro la carrera de oficial de la marina. Sin embargo, una enfermedad ocular truncaría estos sueños y se perfilaría otro destino profesional que lo situaría en la celebridad de las bellas artes de Cuba y el ámbito internacional.

Por esa época cobraba vida el plan de la enseñanza pública dividido en tres etapas: primaria, secundaria y universitaria encaminado a fortalecer una conciencia integrista y española. La Sección de Educación, de la Sociedad Amigos del País, había sido desactivada con miras a que no siguiera controlando el sistema educacional de Cuba, lo cual pasó a la Dirección General de Educación, en manos del gobernador superior civil. A partir de ese momento serían los ayuntamientos locales los que proporcionarían ayudas económicas a los jóvenes que continuaran carreras en España, un trámite que por lo general se canalizaría a través de la mencionada Sociedad Económica, bajo la dirección de Francisco de Arango y Parreño, considerado el más capaz y talentoso de los representantes de los hacendados cubanos.

Mientras que en la década de los cincuentas, siglo XIX, el gobierno colonial radicalizó la represión y militarización que estremecía a La Habana. En el palacio del acaudalado Miguel Aldama, un líder del Partido Reformista, las clases cultas dejaron de celebrar las tertulias políticas y literarias.

Ya habían sido deportados u obligados a tomar el exilio de España o Estados Unidos los educadores e intelectuales que crearon el pensamiento fundacional de la nacionalidad cubana, iniciado por el presbítero Félix Varela y el primer poeta revolucionario de la Isla, José María Heredia. En 1853 murieron en el exilio Félix Varela, en la total miseria en San Agustín, Florida, y el culto Domingo del Monte. En La Habana, en la calle Paula, el 28 de enero del mismo año, nació José Martí, el Apóstol de la independencia de Cuba.

Alrededor de 1855, en la Isla se fundaron 136 bancos. Paralelamente, el gobierno reforzó las medidas represivas, y fueron reorganizados los batallones de voluntarios, caracterizados por una marcada violencia e intransigencia española contra los sectores criollos y las masas populares.

Entretanto, en la casa de la familia Loira-Sánchiz reinaba un ambiente equilibrado y agradable. Doña Rosario procuraba darle una educación esmerada a sus hijos, en especial al varón que ya era un jovencito y había interrumpido los estudios en la Escuela Especial de Náutica. Pues Calixto había matriculado un curso de seis meses, preparatorio para la carrera de Arquitectura.

El miércoles 6 de mayo de 1857, don Felipe leía la *Gaceta de La Habana, Periódico Oficial de Gobierno,* en el cual se publicó la convocatoria de la secretaría de Gobierno y Hacienda, aprobada el 1ro de mayo de 1857, acerca de la posibilidad de que los ayuntamientos locales y juntas municipales dedicaran presupuestos suficientes para dotar de arquitectos a las villas y sitios necesitados de esta rama, así como para pensionar a jóvenes que continuaran los estudios de arquitectura en Madrid. En su artículo tercero, la convocatoria exigió:

"Ser súbdito español; No tener impedimento físico que imposibilite la aptitud necesaria para este estudio; Haber estudiado cuanto menos las materias siguientes: Aritmética razonada, Álgebra hasta ecuaciones de 2do. Grado, así como geometría y trigonometría plana y del espacio, Dibujo lineal;

Elementos de geometría analítica; Geometría descriptiva y perspectiva; Secciones cónicas; Nociones de física y química; Idioma cuando menos, el francés; Nociones de Geografía e Historia".

La Gaceta especificaba que cada Ayuntamiento publicaría la convocatoria oportuna para que dentro de un plazo breve, los interesados pudieran presentar las solicitudes.

"Como ventaja para aspirar a tal beneficio, se encontraba el haber concluido los estudios indicados en el artículo tercero, en la Escuela General Preparatoria para Carreras Técnicas de La Habana. Con el resultado del examen en el que se expresarán las notas que cada examinado obtenga, el Gobierno Superior Civil hará la selección de los más sobresalientes, lo cual comunicará mediante órdenes oportunas al Ayuntamiento y a la Sociedad Económica Amigos del País, respectiva, a fin de que habilite a los designados de los fondos necesarios para emprender el viaje. En caso de que el ayuntamiento de una localidad no encuentre a quien proponer, el Gobierno se reservará hacer la designación".

Al último dictamen fue acogido Calixto Rey Loira, a quien el Gobierno propuso por el Ayuntamiento de Trinidad, debido además a que esta villa necesitaba

la presencia de un arquitecto graduado en su territorio.

De tal suerte, el joven Loira fue seleccionado can-
didato a la beca de arquitectura en Madrid, con *la
obligatoriedad de una vez titulado de Arquitecto
volvería a la Isla para ejercer la profesión en el
punto que se le designó, por lo que debería permanecer en Trinidad alrededor de cinco años*

Con gran pasión y esfuerzo Calixto estudió durante seis meses del año 1858, la rama de arquitectura en la Escuela General Preparatoria de Carreras Técnicas de La Habana, fundada en 1855, y ubicada en la calle San Isidro. Tiempo suficiente para,
ya en Madrid, destacarse como tenaz e inteligente,
según las aseveraciones que sobre él escribían en el
expediente escolar sus profesores, entre ellos el brillante ingeniero Francisco de Albear y el propio director de la escuela, don Narciso Colomer, quien
cada año enviaba a la Sociedad Económica Amigos
del País la mención honrosa alcanzada por el muchacho por haberse distinguido *haciendo muy bue-
nos ejercicios*. En aquel prestigioso plantel se pre-
paraban los futuros maquinistas, telegrafistas,
agrimensores, comerciantes, ingenieros civiles y arquitectos.

Concluida la preparatoria con notas excelentes, en
febrero de 1859 el Ayuntamiento de Trinidad envió
al director de la Sociedad Económica Amigos del
País la cantidad de 378 pesos para gastos de pasaje
y 6 mesadas del joven Calixto, con miras a que pensionado por el gobierno de esa villa iniciara la carrera de Arquitectura en la Real Academia de San
Fernando de Madrid. Además, cada mes, en la capital española recibiría 30 pesos para gastos de ma-
nutención, así como le sería abonado el dinero que

ocasionaría la obtención del título, además del pasaje de regreso a Cuba una vez titulado, de acuerdo con las exigencias expresadas en la Resolución del Gobierno de la Capitanía General de la siempre fiel Isla de Cuba.

La noticia de la selección de Calixto para estudiar la Carrera de Arquitectura en Madrid se recibió en el hogar de Loira Sánchiz con tremenda alegría. Isidra efusivamente felicitó al hermano y doña Rosario mandó preparar una cena familiar con el predominio de la comida criolla: lascas de lechón asado, arroz, frijoles negros, yuca con mojo, papas fritas y ensalada de aguacate; también fue servido un enchilado de langosta, porque este era el plato preferido de don Felipe. No faltaron en la mesa las frutas de estación, el buen vino y quesos españoles.

La Habana que dejaba atrás Calixto Rey Loira, se hallaba envuelta en la crisis sistemática de la sociedad esclavista. La oligarquía hispano-cubana comenzó a traer al país otro tipo de fuerza de trabajo que originó una oleada de inmigrantes españoles, fundamentalmente de castellanos, andaluces, gallegos, asturianos, extremeños y canarios. Los gallegos prefirieron quedarse en la ciudad y con el paso del tiempo, muchos fueron dueños de bodegas, fondas y otros pequeños comercios.

Además, entre 1848 y 1874, fueron introducidos en la Isla más de 135.000 chinos culíes, y aunque habían sido traídos en la condición de contratas por ocho años, alrededor de 124 000 fueron vendidos en La Habana. Por estos años también arribaron a La Habana y Matanzas alrededor de mil yucatecos, al-

gunos comprados y otros en calidad de fuerza de trabajo barata.

En otro orden de novedades, descubrimos a La
Habana de mediados del siglo XIX con la producción
de famosos tabacos, elaborados en sus 500 tabaque-
rías y entre estas, resaltan las marcas de mayor
prestigio en el mercado internacional como Cabañas, Partagás, Carvajal, H. Upmann y La Corona.
La capital cubana continuaba adquiriendo fama por
tener el más atractivo puerto comercial de Hispanoamérica, en el que a diario fondeaban barcos de
diversas nacionalidades. Mientras, se abrieron 18
consulados extranjeros. Las calles se habían vuelto
más ruidosas con motivo de la circulación de las llamadas guaguas y tranvías urbanos de caballo. El
servicio de correos adquirió más eficiencia y se extendió a decenas de poblados, al igual que el telégrafo, inaugurado en 1852.

Los capitalinos ya contaban con numerosas libre-
rías en las que podían comprarse las obras de Alejandro Dumas, así como la Historia de la Isla de
Cuba, de Jacobo de la Pezuela, aunque la mejor surtida de novedades era la de Obrapía 115. Por esos
años funcionaban en la capital 18 imprentas y lito-
grafías, y entre las múltiples publicaciones que cir-
culaban en las calles habaneras se hallaban *El Diario de la Marina, La Gaceta de La Habana, El siglo,
Noticioso y La Prensa*. Abrían sus puertas los hote-
les Santa Isabel en la antigua casa de los condes de
Santovenia, Telégrafo, Inglaterra y Plaza.

El 24 de noviembre de 1859 ocupaba el gobierno de
Cuba el general Francisco Serrano y Domínguez,
duque de La Torre, segunda figura de la Unión Liberal. Este gobernador se casó con María Antonia

Domínguez de Borrel, una de las propietarias cubanas del azúcar más acaudaladas de la Isla. Bajo su mandato nació el movimiento reformista conservador. Paralelamente se gestaba otro movimiento, el independentista y revolucionario, integrado por terratenientes centro-orientales, burguesía media, profesionales, campesinos, artesanos, negros libres y esclavos, entre otras capas.

En las principales villas y ciudades de la Isla surgió una logia, a la que pertenecía una juventud ilustrada y una pléyade de hombres ávidos de luz y progreso. Entre los más notables centros masónicos se encontró la Buena Fe de Manzanillo, que tuvo por maestro a Carlos Manuel de Céspedes, devenido Padre de la Patria, quien encabezaría la Revolución Cubana a partir del grito de independencia dado en su ingenio La Demajagua, el 10 de octubre de 1868.

Una mañana de 1859 el joven Calixto Rey Loira Sánchiz viajó rumbo a España, luego de 12 años de estancia en Cuba. Embargado de emociones diversas regresaba a su país natal con la noble misión de hacer la carrera de arquitecto en la Real Academia de San Fernando de Madrid. Le esperaban siete intensos años de estudio y atractivas perspectivas de desarrollo profesional, en los ejercicios de prácticas relacionados con proyectos y trabajos de arquitectura. Con magnífico ánimo comenzó el primer curso, entre 1860 a 1861. Todavía en esa fecha llevaba el apellido Rey, que se le había otorgado en el hospicio de Ferrol, así como los de Loira, por el padre, y Sánchiz, por la madre de crianza. Por otro lado, había sido asentado en la matrícula como natural de San Antonio de los Baños, Cuba, la villa donde había transcurrido la mayor parte de su niñez. Tanto los apellidos como el supuesto lugar de nacimiento complicarían, años más tarde, la rápida expedición del título de arquitecto.

Cuando Calixto arriba a España, se está desarrollando la guerra de Marruecos, (1859-1860) acaudillada por O'Donell, bajo el reinado de Isabel II, que ya era madre del futuro Alfonso XII, nacido en 1857, con lo que el problema de la sucesión quedaba resuelto. En 1861-1865 ocurre la anexión voluntaria de Santo Domingo y la expedición a México dividido por la guerra civil, en 1861-1862, con la intervención prematura de Serrano, gobernador de Cuba, anticipándose a Prim por rivalidades con este. Se reorganizan los partidos moderado y progresista, que deberían rotarse en el poder. Hay guerra contra Chile y Perú. Se subleva el general Prim, jefe de los progresistas a quien le hace frente O'Donell hasta su muerte.

Desde la revolución de 1854, que resultó inútil por las rivalidades entre O'Donell y Espartero, España sufría una grave crisis financiera, estrepitosas manifestaciones de un naciente republicanismo, la indisciplina de la Milicia Nacional y disturbios carlistas. Se gestaba la revolución de 1868 que destronaría a Isabel II y la condenaría al exilio. A pesar de estas circunstancias la población española aumentó en el siglo XIX, por la alta natalidad y descenso de la mortalidad infantil. Asimismo, desaparecieron desigualdades entre las clases sociales por la Constitución de 1812.

La esclavitud fue abolida, mientras las clases aristocráticas eran despojadas de sus privilegios, aunque algunos se hicieron más ricos con la *desamortización*. Se hizo sentir la influencia de la invasión napoleónica. El clero también perdió privilegios y el Papa influido por Austria no reconoció a Isabel II. El clero se declaró carlista y hubo matanzas de frailes y se suprimieron las órdenes religiosas. Se estableció la libertad de cultos y el matrimonio civil. El vacío dejado por los estamentos privilegiados, se colma al intervenir el ejército en la vida política. Estos fueron algunos aspectos de la situación en España cuando Calixto comienza sus estudios en Madrid.

Según el certificado de aprobación del primer año de la carrera, el joven Loira venció satisfactoriamente las materias de Cálculos, Geometría Descriptiva y Dibujo. En el segundo año, aprobó con igual brillantez: Mecánica Racional, Descripción Aplicada, Mineralogía, Topografía y Dibujo. El tercer año lo repitió, presuntamente por motivo de una enfermedad y por hallarse en los trámites de su boda; de ahí que concluyera este curso en 1864, aprobado en Mecánica Aplicada y Dibujo. Con notas de *bueno*, aprobó el cuarto año: Manipulación y Empleo de Materiales de la Construcción, Teoría del Aro y Dibujo.

Con idéntica nota concluyó los años de quinto y sexto, que comprendieron las materias respectivamente de Arquitectura Legal y Dibujo, así como Dibujo de Composición y Práctica de la Profesión. Las seis certificaciones fueron expedidas por el secretario de la Escuela Superior de Arquitectura don Mariano Calvo y Pereira, el 6 de septiembre de 1867.

Para recibir el Diplomado de Arquitecto, Calixto debió esperar dos meses, a partir de la solicitud realizada por la Academia de su fe de bautismo, donde se aclara que es nacido en Ferrol, y por la inscripción oficial de los apellidos que en definitiva llevaría en lo adelante, Loira y Cardoso, los mismos de Felipe y también de los abuelos paternos.

El 7 de septiembre todavía bajo la firma de Rey Loira y Sánchiz, Calixto escribe al director de la Escuela Superior de Arquitectura:

"Atentamente expreso que he sido alumno de la misma y ante usted expongo que teniendo aprobadas todas las asignaturas de la carrera, como consta en las adjuntas certificaciones, hecho el depósito que marca el Reglamento (dos mil ochenta reales), deseo hacer los ejercicios de reválida para obtener el título de Arquitecto. Suplico disponer lo conducente para poder optar a dicho título. Gracia que espero alcanzar de la justicia reconocida de V.S.".

Finalmente, Calixto Loira Cardoso recibió el título de arquitecto el 28 de noviembre de 1867, con todos los honores que le correspondieron.

Con profundo orgullo el joven comunicó a sus padres sobre el privilegio de haber trabajado como auxiliar en el proyecto de la Casa de la Moneda de Madrid, realizado por el sacerdote Francisco Jareño y Alarcón, el famoso arquitecto que legó al patrimonio cultural de España obras de valores estéticos y belleza. Con detalles, informó a su familia del largo periplo de carácter profesional que había realizado por la Península, durante el cual, se supone, conoció en Alcalá de Henares a su amada Carmen Gracia, con quien se había casado.

Con la esposa, Calixto regresó a La Habana y se

instaló en su propia casa, situada en San Nicolás No. 85, cerca de la vivienda de los padres, en Lamparilla No. 80. Temprano en la siguiente mañana de su arribo, Calixto salió de su casa con rumbo al café La Dominica, para encontrarse con un viejo amigo. Se hallaba ansioso, pues todavía no había recibido respuesta a la carta de rigor enviada a la reina, escrita en Madrid, el 5 de diciembre de 1867, donde solicitaba la plaza de arquitecto en Trinidad, en ocasión de haber sido pensionado por el ayuntamiento de esa villa para los estudios de la carrera de Arquitectura. Por ello, sentía la necesidad de reciprocar a Trinidad con los conocimientos profesionales adquiridos, y por *no existir en dicha municipalidad facultativo correspondiente a su importancia creciente, numerosa población, extensión de las obras y notoria riqueza.*

La vida cotidiana habanera de aquel día se hallaba envuelta en el luto, pues la epidemia de fiebre amarilla asolaban la capital y cobraba numerosas víctimas. En el trayecto hacia el punto de la cita, Calixto observó no menos de tres cortejos fúnebres que se dirigían al cementerio de Espada, el cual tenía ya completada su capacidad para los enterramientos. No imaginaba el joven arquitecto que él sería el primer director facultativo de la construcción de la nueva necrópolis de La Habana, cuya obra funeraria le daría celebridad universal.

Bajo las palmas, pinos, yagrumas y acacias del Paseo del Prado apenas vio a los trovadores que a diario acudían a este lugar con las típicas guitarras españolas, y le llamó la atención la ausencia de flores frescas en el pedestal erigido en memoria de la reina

Isabel II, alzado en 1853, frente al Teatro Tacón.

A uno y otro lado del jardín central, sobre los muros y paredes de los edificios continuaba el incremento de los carteles que daban a conocer la próxima corrida de toros en la calle Belascoaín; la función del circo el domingo; la ópera de turno en el Teatro Tacón, cuyo boleto para la entrada costaba un peso; el sorteo de la lotería, y otros avisos de espectáculos y servicios. Calixto se detuvo brevemente ante un estanco donde se podía comprar decenas de tabaco en tres dólares o en quince peniques ingleses. Prosiguió el camino hasta el café situado en la esquina de O'Really.

Su amigo lo esperaba sentado frente a una mesita, mientras leía en un periódico de formato pequeño y lleno de anuncios las noticias del día, entre estas que en el año anterior fondearon en el puerto de La Habana más de 3 000 barcos y con casi de igual cifra partieron naves con diferentes rumbos marítimos. Otro orden de informaciones resaltaban el buen funcionamiento del cable submarino entre La Habana y Cayo Hueso; los precios rebajados del hielo introducido en Cuba en 1806; las nuevas heladerías y dulcerías abiertas, para deleitarse con los sabores de las frutas: mamey, piña, canistel, tamarindo, marañón, chirimoya, mango, melón, naranja y plátano; la venta de una esclava de 12 años de edad, y el aviso del gobierno acerca de que las guardias militares ya estaban extendidas a todas las fortificaciones y oficinas públicas, así como a la residencia del Gobernador, al edificio del Tribunal Supremo y al Banco Español. En todos esos lugares había centinelas después de las once de la noche, por lo que era común escuchar durante la ronda la pregunta

¿quién vive?, a lo cual el transeúnte debía responder: *España*.

La Dominica fue uno de los mejores cafés de La Habana y servía de refugio a bohemios y hombres de negocio. Allí se podían saborear exquisitos helados que no tenían que envidiar a los más gustados de París, así como chocolates, jugos de frutas tropicales, café y fumar tabaco de cualquiera de las famosas marcas cubanas. En el patio había una fuente ubicada en el centro, entre rocas y plantas ornamentales.

La situación tensa reinante en la Isla ocupó el centro de la conversación entre los amigos. Hablaron sobre el disgusto que se notaba entre peninsulares y cubanos, de los curas que se embriagaban antes de dar la misa y luego jugaban a los gallos y de cómo se hacían dueñas de la calle el barullo y la confusión, en tanto era del dominio público la manera con que los capitanes de partidos políticos se hacían ricos de la noche a la mañana, y de cómo muchos actos del gobierno eran ya criticados tanto por criollos como por españoles. El movimiento revolucionario estaba a punto de estallar.

Concedida al fin la plaza de arquitecto, Calixto Loira Cardoso llegó a la villa de la Santísima Trinidad en enero de 1868. Las horas de mayor esplendor de esta ciudad se encontraban en decadencia. Sin embargo, Trinidad continuaba deslumbrando al forastero por su preciosa escala de urbanización, los cierres de perspectivas, las suntuosas casonas de los aristócratas, y otros primorosos detalles arquitectónicos. Valía la pena -quizás pensó Loira- ser el primer arquitecto municipal en la historia de la bella y tricentenaria villa.

La Santísima Trinidad, declarada patrimonio mundial en 1988, fue alzada en 1514. Es la tercera de las siete primeras fundadas por el adelantado Diego Velázquez en el siglo XVI; se encuentra en el centro de la Isla, a los pies de una cordillera montañosa y a poca distancia del mar Caribe. En los tiempos fundacionales fue pueblo de marineros y su existencia es como un milagro; ha sorteado los estragos de huracanes, corsarios y piratas, contrabandos, monopolios, y de las flotas.

Luego de la visita del obispo Morell de Santa Cruz en 1756, su desarrollo se hizo palpable. En esa fecha el número de sus calles y callejones era 31, y sus casas alcanzaban la cifra de 298, entre las cuales estaban con cubiertas de tejas solo 58. Enterado de su situación y de lo que prometía Trinidad económicamente a la Corona, el monarca Carlos III la privilegió con reformas comerciales: libre comercio con la Península, trata libre de esclavos y otras concesiones. Todo lo cual le permitió acumular riquezas y quedó dispuesta para realizar un comercio marítimo de mayor capacidad.

Por sus valles se extendió el cultivo del tabaco y la caña de azúcar se hizo lugar entre los corrales de ganado, y hacia 1772 ya tenía 40 ingenios distribuidos en el llamado Valle de los Ingenios, en los que trabajaban unos 10 000 esclavos. El puerto llegó a convertirse en el tercer exportador de azúcar de Cuba. Unido a las anteriores razones, su emplazamiento adquirió fama como estrategia geográfica y motivó la atención de las políticas coloniales en la Isla.

Pero, hacia mitad del siglo XIX, Trinidad perdió la

imagen de paraíso terrenal y comenzó a dar muestras de total abandono, se había cerrado el ciclo de su crecimiento. Ni siquiera las autoridades eclesiásticas lograron poner en marcha la construcción de una nueva parroquia; las calles necesitaban mejor empedrado y algunos edificios urgente mantenimiento. Así era la villa que recibe al joven arquitecto Loira

Lo primero que Calixto hizo fue proponerle al presidente del Ayuntamiento el estudio de un sistema de ordenanzas, como el que se hallaba vigente en La Habana, con miras a que se aplicara en esta ciudad, pero con las modificaciones y normas convenientes. El joven arquitecto pensaba poner de inmediato en ejecución varios proyectos para dotar a Trinidad, en su presente y futuro, de una ordenada y mejor perspectiva arquitectónica. La ciudad rebasaba la cifra de 1000 casas de mampostería y tejas y una cantidad similar construidas con materiales de menor calidad, dentro de una red urbana de unas 360 hectáreas de extensión. La población sumaba alrededor de 15 000, la mayoría eran negros y mulatos libres.

La Comisión de Ornato Público, dirigida por el propio Calixto, se encargó de la revisión de las mencionadas ordenanzas constructivas y de las oportunas. Pero en año y medio no se logró avanzar más allá de la gestión teórica, pues no obstante la original belleza, Trinidad no ofrecía una arquitectura académica, debido a la ausencia durante los siglos pasados de esta especialidad. Meses después de su arribo a esta villa, Loira advirtió los temores que tenían sin dormir a los gobernantes, esclavistas y clase pudiente en general.

Por ello, los esfuerzos del arquitecto para echar a andar el plan constructivo, concebido de manera meticulosa, muy pronto recibió el desinterés de las autoridades porque se hallaban inmersas en el fortalecimiento de la defensa de Trinidad, con motivo de que la guerra de independencia, iniciada en el oriente del país, el 10 de Octubre de 1868, ya se extendían al centro de la Isla. Y esta razón obligo a Calixto dejar el cargo de Arquitecto de Trinidad, en 1869, cuando también logró el nombramiento de Arquitecto de Hacienda de La Habana.

El 30 de julio de 1869, en La Habana, Calixto escribía el último párrafo de la carta al Ministro de Ultramar: *A V.E. suplica se digne concederle la citada plaza de Arquitecto de Hacienda con el sueldo que por su categoría le corresponda; que es gracia y justicia que espera merecer de la que con tanta rectitud sabe distribuir V.E.* La plaza de Arquitecto de Hacienda había sido suprimida, lo cual engendró *engorrosas trabas burocráticas e inútiles gastos de dinero, por lo que sería más ventajoso al gobierno su reposición, pues las construcciones serían atendidas con el cuidado que necesitan y para recavar* [sic] *con tiempo los casos de ruina, que después hace más costosa la reparación*, según la opinión expresada también por el arquitecto Loira en su misiva.

Es de noche, ya ha sonado el cañonazo y el sereno de la ronda, que también se ocupa de dar la hora y el estado del tiempo cada media hora, acaba de pasar frente a la puerta del hogar del matrimonio Loira García. Apenas hay público en la Plaza de Armas para escuchar la retreta nocturna de la banda militar, porque La Habana ha cambiado mucho en el último año y no es aconsejable –le comenta Ca-

lixto a la esposa- andar por las calles en estos tiempos de alarmas y confusiones, pese a lo custodiada
que está con numerosos guardas, provistos de lin-
ternas, pistolas, picas, silbatos y amarras.

No era por gusto la preocupación de Loira, pues
desde el estallido de la guerra de independencia, la
otrora reina de las Antillas ahora semejaba un pueblo grande de provincia y no la capital. Numerosas
familias campesinas, de criollos y también de españoles, habían emigrado a la Ciudad de La Habana,
que ya contaba con más de 200 000 habitantes y una
gran masa de mendigos deambulando por los porta-
les y a las entradas de las iglesias; los paseos de las
damas burguesas en lujosos coches habían dismi-
nuido, los teatros y centros de bailes se hallaban
prácticamente desiertos; muchos jóvenes cubanos
eran tenidos como insurgentes, la fiebre amarilla y
el cólera continuaban haciendo estragos.

Asimismo, la censura sobre la guerra de exterminio que el gobierno colonial había declarado contra
los independentistas y supuestos insurgentes, motivó el aumento de las suscripciones a periódicos de
Estados Unidos. De ahí que fuera un diario de
Nueva York el que, en enero de 1869, narrara el
asalto al palacio del separatista y rico hacendado
Aldama, además de los sucesos en el céntrico café El
Louvre y los del Teatro de Villanueva, lugares
donde acostumbraba a reunirse, cada noche, la juventud deseosa de ver libre a la patria. Ambos centros fueron tiroteados por el cuerpo de voluntarios y
dejaron un saldo de varios muertos y heridos. Al
otro día toda la ciudad se hallaba conmovida y los

voluntarios salieron a la calle gritando ¡Viva España! Las medidas impuestas por el Capitán General de la Isla avivaron los sentimientos de independencia.

Días más tarde, Calixto sostuvo una importante entrevista con el ingeniero militar Francisco de Albear, a quien antes le había pedido apoyo en las gestiones con Ultramar para la plaza de arquitecto en Hacienda. Mientras su coche avanzaba por la Calzada de San Lázaro, que bordeaba la costa hasta el río La Chorrera o Almendares al oeste de la Ciudad, contempló las filas de caballos y mulas que los negros esclavos conducían para bañarlas en el mar. Era la misma carretera que conducía al asilo de los huérfanos y al hospital para leprosos, donde sería construidos, además, un pabellón para los mendigos. A corta distancia del orfelinato, el camino de la izquierda conducía al Cementerio de Espada.

Para satisfacción de Loira, el ingeniero militar, arquitecto, académico y poeta habanero don Francisco de Albear y Fernández de Lara no sólo le mostró su alegría y gusto por aceptar que trabajara con él en la edificación del asilo de mendigos, un pabellón más de la Casa de Beneficencia, obra dirigida gratuitamente por el propio Albear, quien también le ofreció el cargo de segundo jefe de la construcción del Acueducto de La Habana.

Este extraordinario acueducto de Albear que continúa abasteciendo a la capital cubana de aguas procedentes de los manantiales de Vento, margen izquierda del río Almendares. Los trabajos comenzaron en noviembre de 1856 y se terminaron en 1893. Albear nació en el Castillo del Morro el 11 de enero de 1816 y también en La Habana murió, el 23 de octubre de 1887, después de una vida consagrada a la ciencia, docencia e ingeniería y admirado por su talento.

Nunca se sabrá cuántos recuerdos de la triste infancia en Ferrol en la condición de hospiciano, pudieron aflorar en la memoria de Calixto Loira Cardoso aquel día de emociones. Es de presumir que ese pasaje haya influenciado en el súbito impulso de abonar su sueldo en aras de contribuir con el noble propósito de prodigarles a los huérfanos y mendigos de La Habana un asilo. Cierto es que a él fundamentalmente se le debe la terminación de aquel pabellón, de extraordinaria belleza arquitectónica, contiguo a la Casa de Beneficencia, ambos edificios ya demolidos.

El asilo de mendigos de San José, en la Calzada de Belascoaín, se distinguió por su pórtico colosal a semejanza de un templo de gruesas y altas columnas de tipo muy perfecto, coronado con un frontón clásico. El bello edificio y el Cementerio de Colón, son las obras del ingenio de Calixto Loira Cardoso, caracterizadas por la excelencia de su impronta artística.

Además, en la condición de auxiliar del ingeniero Albear, Loira integró el equipo que ejecutó el plano planimétrico topográfico de La Habana, culminado precisamente en el año de su muerte, en 1872. Este proyecto proporcionó el crecimiento de la ciudad de manera más correcta y eficiente, en el tiempo que se extendía velozmente hacia el sur y el oeste.

Entre los sueños del arquitecto Calixto Loira Cardoso quedaría la idea de construir una iglesia, posiblemente en El Carmelo. Era demasiada su carga de trabajo y aunque llegaba siempre muy cansado al hogar, nunca Carmen le escuchó una queja, ni siquiera cuando sufría las frecuentes crisis de respiratorias o cuando el rostro reflejaba la inmensa tristeza de las pérdidas recientes de sus dos únicos hijos, muertos a causa de las epidemias en La Habana, cada uno sin cumplir el primer año de vida.

A veces la madrugada lo sorprendía doblado sobre el plano donde dibujaba los arcos de la Janua Sum Pacis que lo elevarían al pináculo del triunfo profesional, pero sobre todo el proyecto de la Galería de Tobías. Parecía intuir la proximidad de su propia muerte.

Día y noche, trabajó Loira en la edificación de la Galería de Tobías, dirigiendo las obras a la intemperie, bajo el sol o la lluvia, lo que agravó la enfermedad crónica respiratoria que padecía ¿tuberculosis o asma? Sus fuerzas llegaron al total agotamiento. El médico le recomendó alejarse del polvo y toda excesiva carga de trabajo, por lo que Calixto se vio obligado a guardar reposo en cama. Pero con fiebre y falta de oxígeno, desde el lecho de la muerte, continuó las labores de dirección de la Pallida Mors, entretanto recibía a sus amigos más entrañables como el ingeniero Albear y el arquitecto Rayneri.

De nada valieron los cuidados médicos y de Carmen, quien también se hallaba desgarrada de dolor por la pérdida de los hijos; vestía de negro y en el rostro reflejaba desesperación y profunda tristeza, mientras observaba cómo su esposo se acercaba al límite de la vida. Dos meses se prolongó la agonía de Calixto Loira Cardoso. Se desconoce si tras el fallecimiento de Loira, ella marchó a su natal Alcalá de Henares. Tampoco se sabe dónde murió y fue enterrada. Los restos de sus hijos fueron sepultados en la tumba propiedad del abuelo Felipe Loira, en el antiguo Cementerio de Espada, mientras que los de Calixto siempre han permanecido solos, primero en la Galería de Tobías y en la actualidad reposan en el panteón de los arquitectos de La Habana.

En el lecho de muerte, Loira siguió laborando con gran obsesión y sentido de la responsabilidad, en medio del desfavorable ambiente del exterior cargado de desidias y discusiones entre las autoridades eclesiásticas y gubernamentales.

Quince días antes del deceso, el 12 de septiembre de 1872, Calixto Loira Cardoso escribió por última vez al Obispo, acerca de su mayor preocupación:

"Hallándome algo achacoso y sometido a un plan de curación al que pudiera ser inconveniente la exposición a repentinos cambios atmosféricos, como los que se experimentan desde esta ciudad hasta San Antonio Chiquito, donde se halla la obra de mi dirección, desearía que si V.S.I. no tiene inconveniente, el arquitecto Dn. Eugenio Rayneri, de mi confianza y que viene secundando mis trabajos, hiciese la inspección de la citada obra cuando yo no pudiera verificarlos, estando de más significar a V.S.I. que mis deseos son que se realicen de la manera más satisfactoria".

El sábado 28 de septiembre, Carmen mandó un aviso urgente a Felipe, así como a la hermana, Isidra, comunicando que el fatal desenlace estaba a punto de producirse. En el hogar, ya se encontraba para la extremaunción el sacerdote de la parroquia de Guadalupe, junto a Calixto que apenas podía pronunciar palabras. Horas después, se produjo el paro cardíaco y moría el talentoso gallego Calixto Loira Cardoso, con apenas 32 años de edad.

Aquel día, en la edición vespertina, el *Diario de la Marina*, publicó:

"Ha fallecido don Calixto Loira Cardoso, arquitecto director de las obras del Cementerio de Cristóbal Colón. El ilustrísimo Sr. Gobernador del Obispado, el padre del finado, sus deudos y amigos suplican a las personas de su amistad que no hayan recibido la esquela de invitación, se sirvan asistir el domingo 29, a las 8.30 de la mañana a la casa mortuoria, calle de San Nicolás No. 85, para acompañar el cadáver al cementerio de Cristóbal Colón. Favor que eternamente agradecemos".

En otro aparte, el periódico expresaba: *La breve carrera de Loira representa el premio que entre nosotros se concede al verdadero mérito, puesto que los estudios en que tanto empezaba a sobresalir le habían sido costeados por el Ayuntamiento de Trinidad en recompensa de las felices disposiciones que, también en pública oposición, había manifestado desde los primeros años. Es triste ver así, muertas en flor, tantas lisonjeras esperanzas: contrita el ánimo considerar que en dos meses de dolorosos padecimientos se lleve la muerte la vida que se atesora a los treinta años, cuando ya brotaba la hermosa cosecha de lauros y distinciones sembrada en un período tan largo como laborioso. El dolor de su anciano padre y la soledad de su pobre viuda no pueden admitir más consuelo que el de aquella santa resignación a los fallos del Todopoderoso; pero sepan al menos que todas las personas sensibles rinden a su inmensa pena el tributo de una doliente simpatía.*

En la mañana del domingo 29 de septiembre, de la casa de San Nicolás No.85, hoy demolida, partió el cortejo fúnebre con numerosas flores rumbo a la última y definitiva morada de Loira, una gran multitud lo acompañó. En la Galería de Tobías el silencio y la solemnidad reinaron, mientras las lágrimas rodaban por las mejillas de la desconsolada viuda. Y en la entonces iglesia Nuestra Señora de la Caridad, el párroco anotaba en el libro 28, folio 269: *El veinte y nueve de septiembre de mil ochocientos setenta y dos se dio sepultura en uno de los nichos del cementerio de Cristóbal Colón al cadáver de D. Calixto de Loira y Cardoso, natural de Galicia y vecino de esta feligresía, de edad de treinta y dos años, casado con Da. Carmen Gracia, sin dejar sucesión, hijo de D. Felipe y de Da. Rosario, no testó, y recibió los santos sacramentos.*

El paso del tiempo deterioró la Galería y en 1953, las autoridades sanitarias ordenaron desalojarla. Con tal motivo, para preservar los restos de Loira y Azúa en un lugar digno, el administrador del Cementerio de Colón, Carlos de la Torre, los exhumó el 13 de marzo de este año. También en 1953 un óleo con el retrato de Loira fue colocado en el edificio de la Administración del Cementerio, hoy lamentablemente desaparecido.

En la actualidad los restos de Loira y Azúa reposan

en el Panteón del Colegio de Arquitectos de La Habana, ubicado en el cuartel noroeste, cuadro 9, zona de tercera categoría. Una palma real, el árbol nacional de Cuba, da sombra al monumento funerario donde en ocasiones manos amorosas depositan flores blancas. Allí, cada mañana, las aves irrumpen el silencio de *La pálida muerte* con una dulce sinfonía que se prolonga hasta el ocaso de la tarde.

LA MEMORIA GRÁFICA

ANGELA ORAMAS CAMERO

Calixto Loira Cardoso, autor del proyecto *Pallida Mors* del Cementerio de Colón.

Plano General de la necrópolis

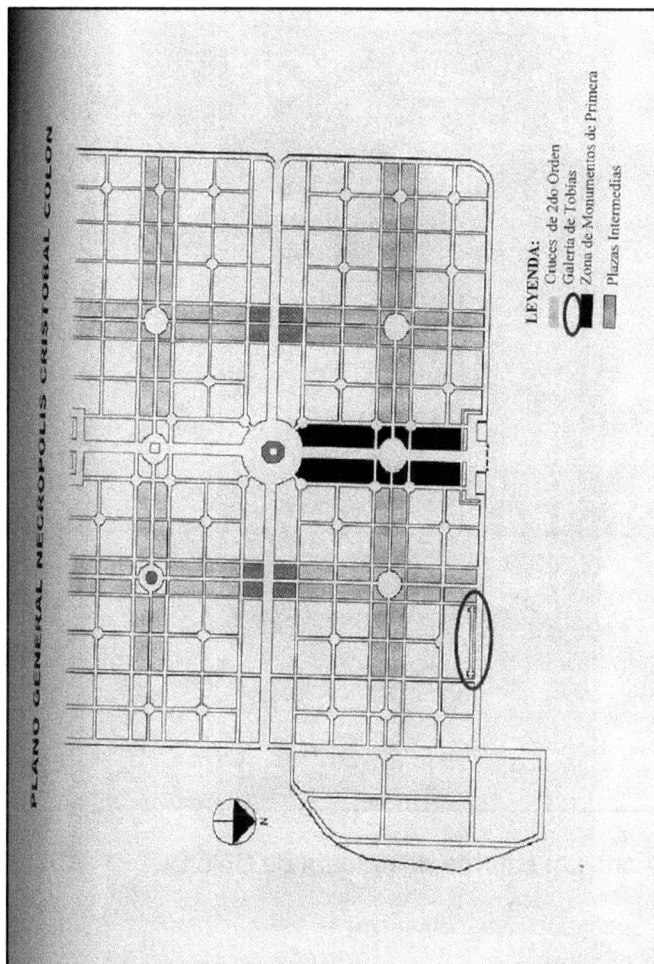

Plano que indica las ubicaciones de las cruces de segundo orden, la Galería de Tobías, los monumentos de primera categoría y las plazas intermedias.

La antigua entrada de madera de Colón

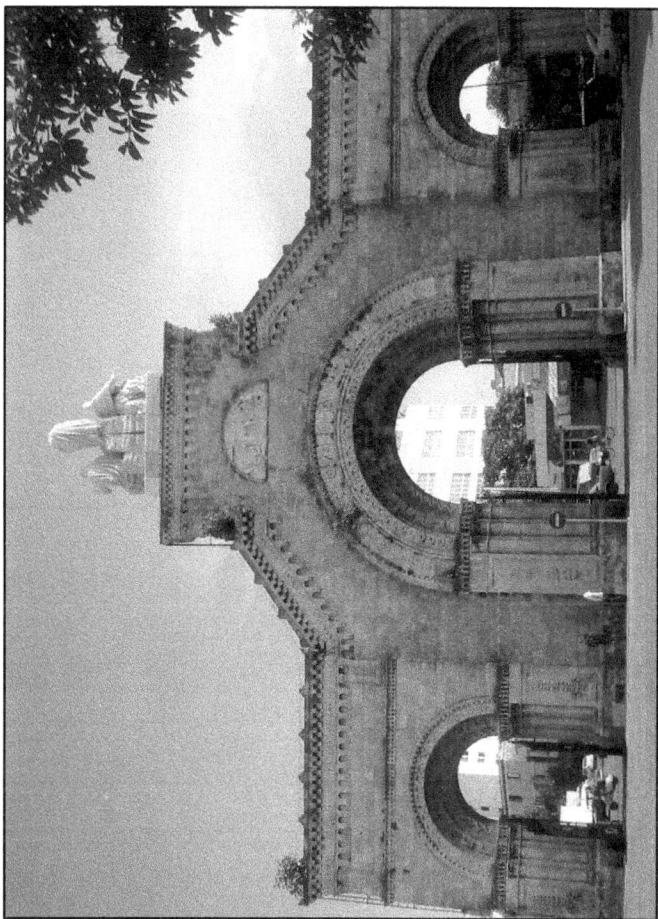

Janua Sum Parcis, Soy la Puerta de la Paz, así llamo
Loira a la entrada   principal, su hermoso arco de
triunfo.

Los sarcófagos de los finados ricos entraban por la puerta principal, sobre lujos coches alados por caballos, mientras los pobres lo hacían por las entradas laterales con los ataúdes sobre los hombros

Lucernario y entrada de la Galería de Tobías

Interior de la Galería de Tobías ya muy deteriorada, única construcción en que trabajó Loira.

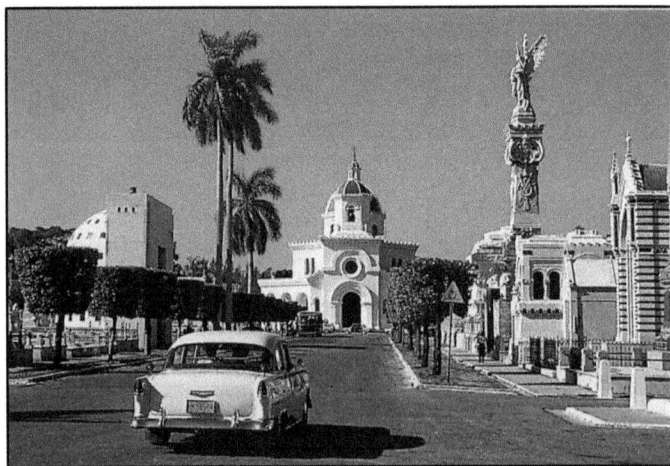

La avenida principal donde se encuentran a un lado el monumento más alto, el de los bomberos frente a tres palmas, y al fondo la capilla central.

El majestuoso monumento de los ocho estudiantes de medicina, fusilados en 1872.

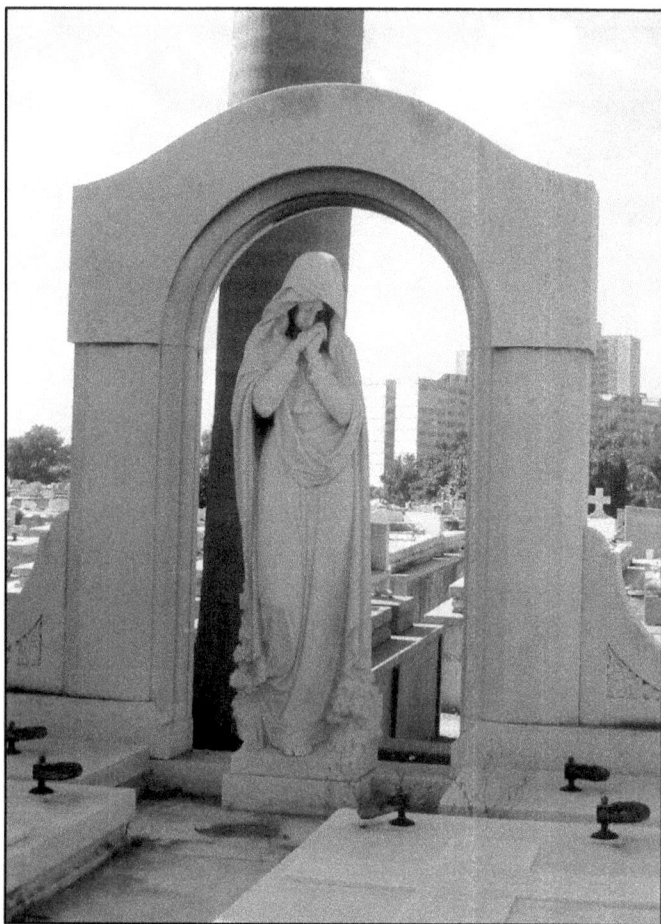

La impresionante escultura que simboliza la custodia de los muertos en ese panteón.

Réplica de la Piedad de Miguel Ángel sobre el panteón de la familia Mendoza.

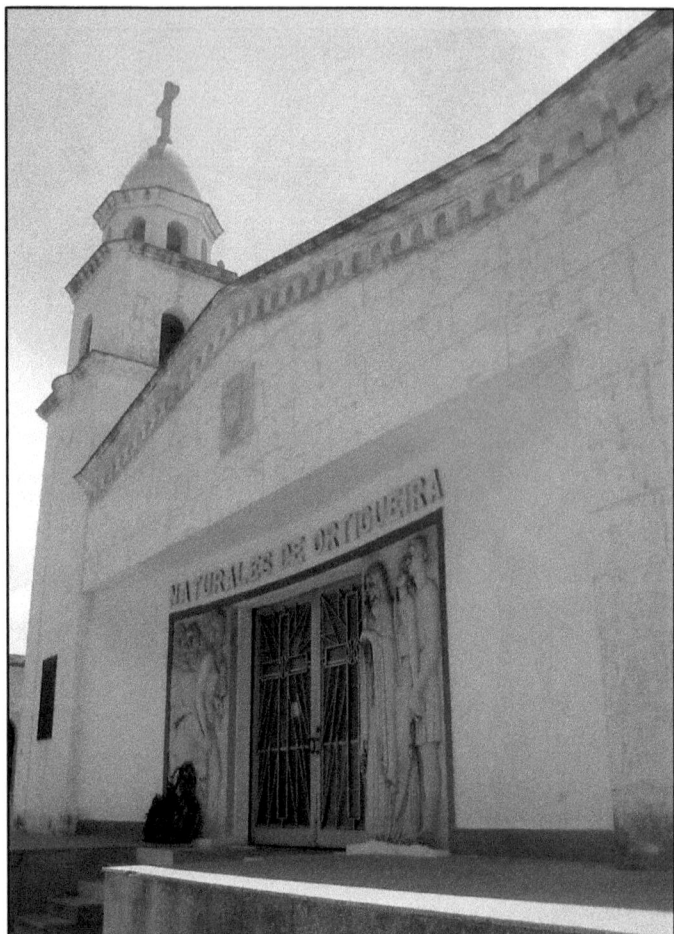

Naturales de Ortigueira, uno de los más amplios monumentos construido por los emigrados gallegos en
1936.

Bajorrelieves del panteón de Naturales de Ortigueira.

La bella lira de mármol dedicada *Al cantor da Terriña*.

El ángel hermafrodita

La capilla central

Precioso vitral con las imágenes del niño Jesús, la virgen María y San José.

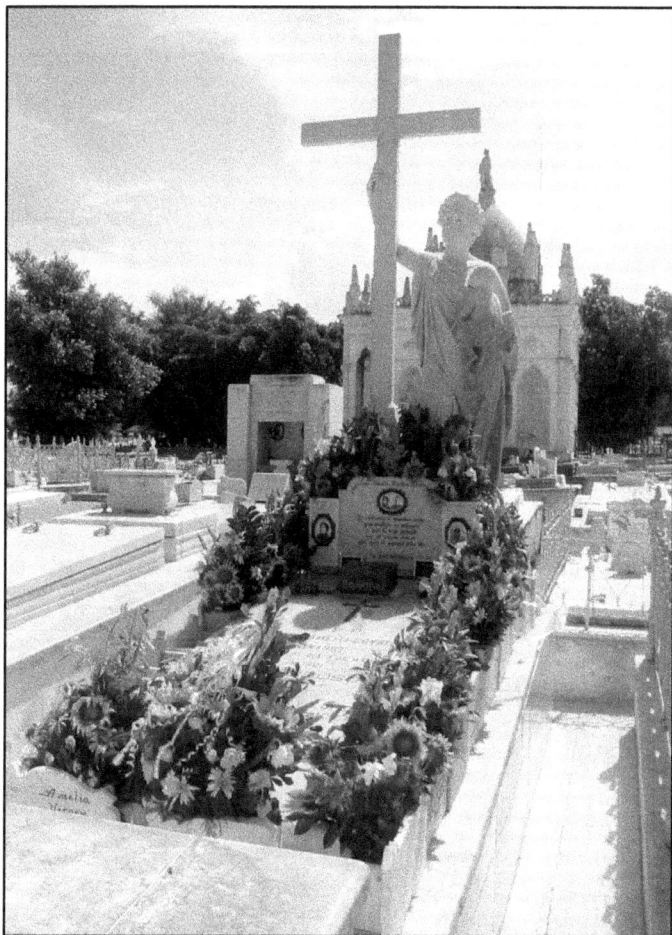

La Milagrosa, su panteón es el más visitado y cubierto de flores y ofrendas

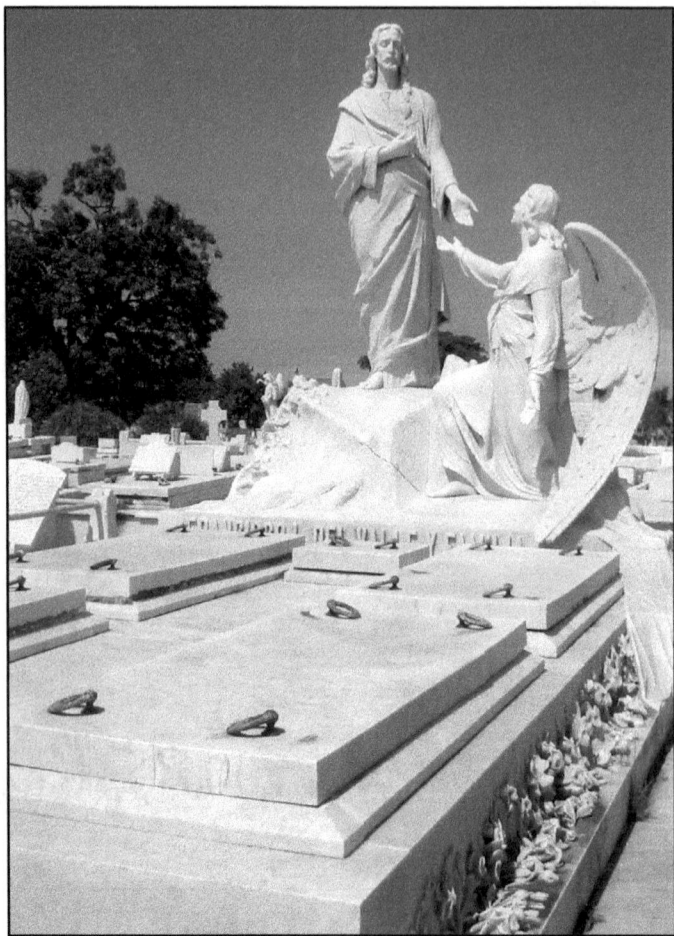

Abundan la imagen escultórica de Jesús y de ángeles

La Caridad del Cobre, Patrona de Cuba

El mausoleo color púrpura donde descansa el Cardenal Arteaga

Cerca de gran valor artístico con mármol de Carrara, Italia

El ángel con mayor tamaño de Colón

Tumba de Jannette Ryder, fundadora del Banco de Piedad. Su perra Rinti fue enterrada a sus pies

La pieza de ajedrez, el rey realizada con mármol, sobre la tumba del gran campeón Capablanca

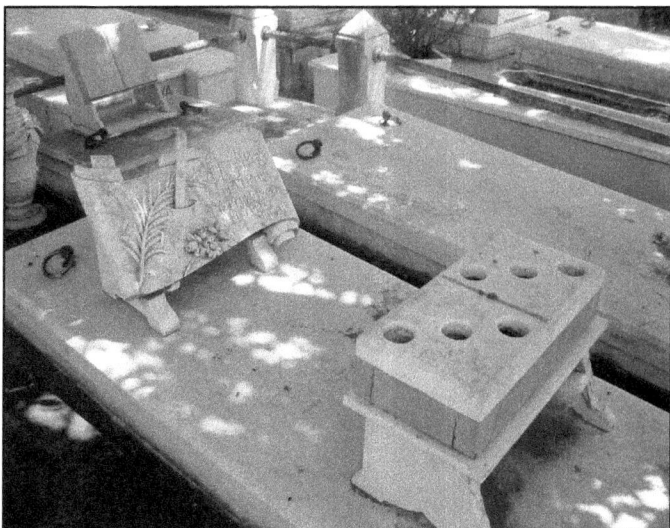

Sepulcro donde yace una dama fanática del dominó que murió con la ficha tres en sus manos

Abundan obeliscos y glorietas

Uno de los numerosos panteones, propiedad de sociedades españolas

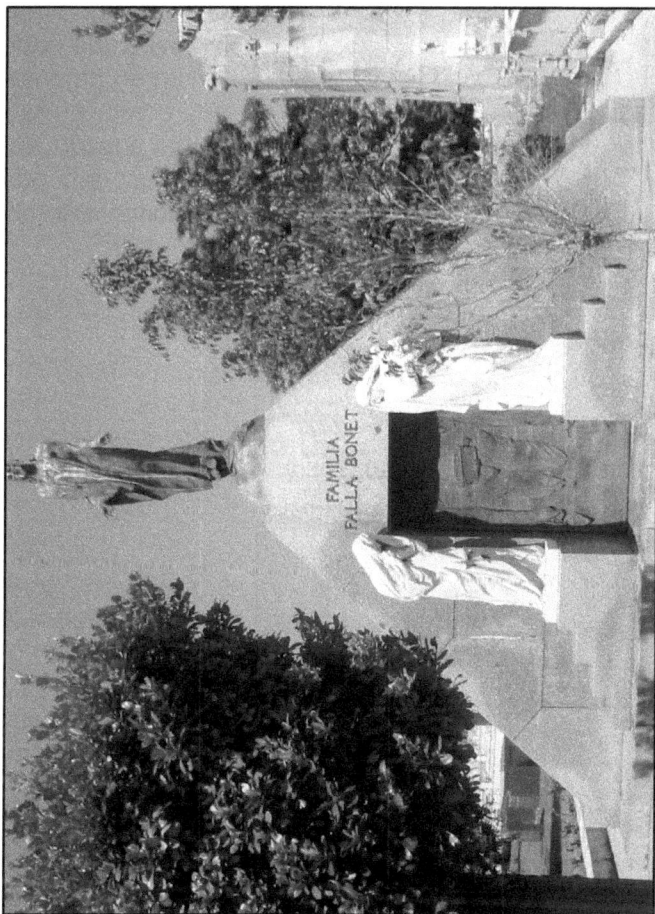

Imagen de Cristo fundida en bronce sobre el lujoso mausoleo en pirámide de los Falla Bonet

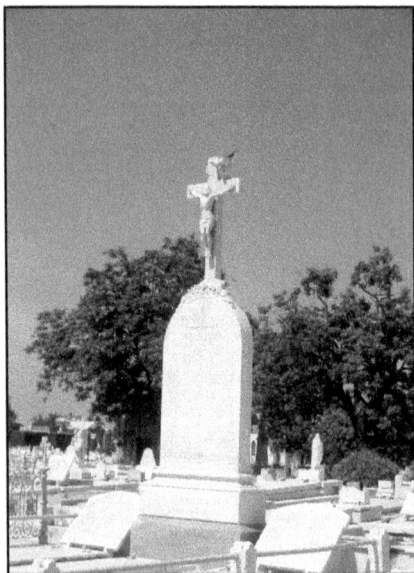

Por el día se escuchan los trinos de las aves que habitan en el cementerio, como el sinsonte posado sobre una cruz que se observa en la foto

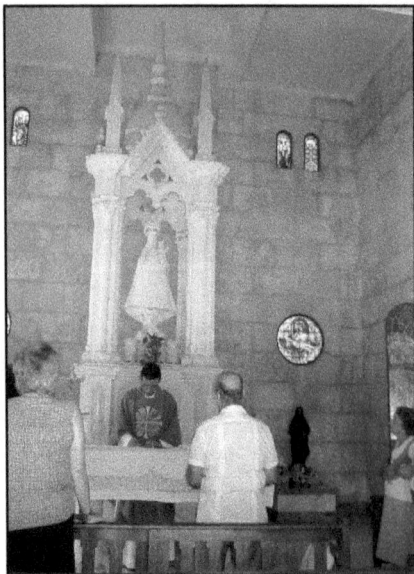

A diario se celebran misas en la capilla central a solicitud de los familiares que después sepultarán a los fallecidos

El dolor por el desaparecido admirablemente representado en esta obra

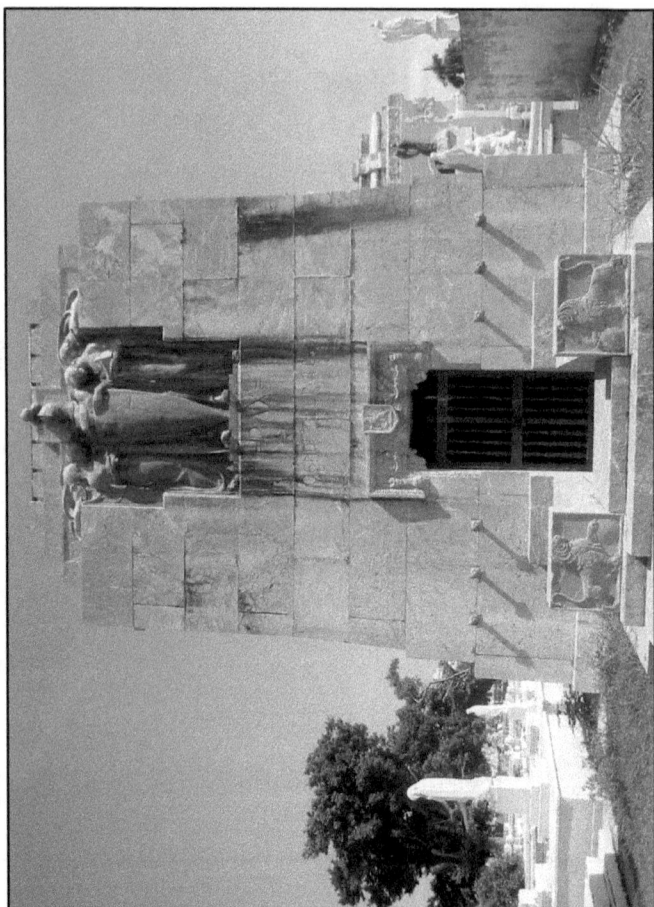

Impresionante obra en la ciudad de los muertos

Sepulcro de mármol de Carrara con gran dimensión

Las rejas realizadas como delicados encajes advierten el talento artístico del autor

El sepulcro donde reposan los restos de Hubert de Blanck

En Colón más de 50 panteones pertenecen a las sociedades españolas

Imagen de Jesús esculpida con brillantez artística

La salida principal hacia la calle de Zapata

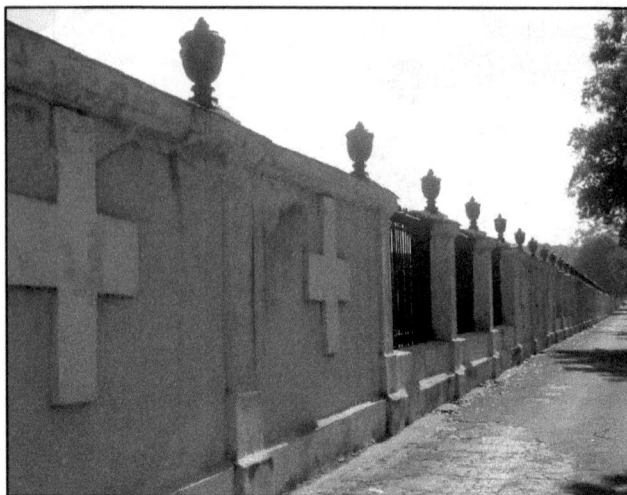

Muros que rodean a la necrópolis

BIBLIOGRAFÍA

ANGELA ORAMAS CAMERO

Archivo General de la Administración, Alcalá de Henares. Fotocopia de la documentación y legajos relativos a los estudios y al título de Arquitecto de Calixto Loira Cardoso, 1867.

Archivo General Militar de Segovia. Expediente Matrimonial de Loira Cardoso, Felipe. Segovia, España, 1830.

Archivo General Militar de Segovia. Documentación y legajos relativos a la historia militar de Loira Cardoso, Felipe, 1815; así como al expediente matrimonial 1830.

Archivo Nacional, República de Cuba. Fotocopia del Legajo 1139, registro 43839, clasificado 43839, relativo al nombramiento de gobernador de San Antonio Abad, de Felipe Loira Cardoso, enero 1845.

Archivo Nacional de Cuba. Obras de arquitectura de Calixto Loira Cardoso, su plaza en Hacienda, 1869.

Archivo Nacional de Cuba. Papelería consultada entre 1900 y 2005, sobre Comunidad Gallega e Historia de Cuba, finales del siglo XX.

Archivo Nacional. República de Cuba. Fotocopia del Expediente sobre la separación del Tte. Gobernador de San Antonio Abad, Don Felipe Loira Cardoso, No.2265, sección y clasificado 43.657.C, noviembre de 1850.

Arquidiócesis de La Habana. Parroquia Nuestra Señora de la Caridad. Certificación de defunción de

Calixto Loira Cardoso, libro: 28, folio: 269, número: 766, septiembre 29 de 1872.

Arquidiócesis de La Habana.. Parroquia Santo Cristo del Buen Viaje. Fotocopia de la Certificación de Defunción de Felipe Loira Cardoso, 5 de junio de 1876.

Bohemia. Colección 1908-2005, Biblioteca Nacional José Martí, La Habana, Cuba.

Calvo y Pereira, Don Mariano. Secretario de la Escuela Superior de Arquitectura. Certificaciones por cada año de la carrera de Calixto Rey Loira y Sánchiz. Anotadas con los números, 76, 77, 78, 79, 80, 81 al Folio: 362, Madrid, España, 1861-1866.

Camiño sobre o Charco Memoria I. Cátedra de Cultura Gallega. Facultad de Artes y Letras. Universidad de La Habana, Editorial Arte y Literatura, Cuba, 2002.

Diario de la Marina. 29 de septiembre de 1872. Nota luctuosa sobre fallecimiento de Calixto Loira Cardoso. Biblioteca Nacional José Martí. La Habana, Cuba.

Dobarro Paz, Xosé María. *Ferrol en tempo de historia. Recuperación da nosa memoria histórica. José Fontenla Leal.* Concello de Ferrol, Concellaría de Cultura, dicembro, 1999.

Eguren, Gustavo. *La Fidelísima Habana.* Editorial

Letras Cubanas, La Habana, Cuba, 1986.

Federación Gallega de Cuba, archivo, papelería entre 1900 y 2005. Palacio del Gran Teatro de La Habana, Prado y San José, Cuba.

Ferrol y las Ciudades del Siglo XVIII. Segundo encuentro del Foro de la Ilustración. Fundación Ferrol Metrópoli. Concello De Ferroll. Cultura, Xunta de Galicia, octubre, 2004.

Fidalgo, Recaredo. Archivo personal sobre la ciudad de Ferrol; Cementerio de Colón; fotocopias de los expedientes Militar y de Arquitectura, de Felipe y Calixto Loira Cardoso, respectivamente, Galicia, España, 2004.

Gaceta de La Habana, periódico oficial del gobierno. Miércoles 6 de mayo de 1857. No. 111. Parte Oficial: Convocatoria de pensiones para alumnos de arquitectura en la Academia de San Fernando, Madrid.

Gómez, Sixto. Vidas grabadas en la piedra. Editado por Grupo de Comunicación Galicia en el Mundo, S.L. España, 2011.

Instituto de Historia y Cultura Militar. Archivo General Militar de Segovia, España. Exp. Don Felipe Loira Cardoso. Plaza Reina Victoria Eugenia, Segovia.

Instituto de Historia de Cuba. *La Neocolonia. Organización y Crisis desde 1899 hasta 1940.* Editora Política, La Habana, 1998.

La sociedad cubana en los albores de la República. Editorial Ciencias Sociales, La Habana, 2003.

Loira Cardoso, D. Calixto. Arquitecto No. 4915/56. Legajo en Archivo General de la Administración. Alcalá de Henares, Madrid, 1867.

Martínez Martínez, Enrique. "El Cementerio de Colón". En, revista *Arquitectura,* no. 264, Cuba, julio de 1954.

Medina, Antonio. Archivo personal. Papelería sobre el Cementerio de Colón, La Habana, Cuba. 2005

Ministerio de Ultramar. Año 1867. Expediente No. 235. Subsecretaría. Negociado de Obras Públicas, Cuba. Solicita Don Calixto Loira Cardoso el nombramiento de Arquitecto municipal de Trinidad, 9/1/68. Nombramiento de Calixto Loira Cardoso en la plaza de Arquitecto de Hacienda, La Habana, octubre 20 de 1869.

Ministerio de Ultramar. Dirección General de Gracia y Justicia. Administración y Fomento. Negociado Obras Públicas. Archivo: Documentos y expediente No.33, 1879-1880, sobre las obras del Cementerio de Colón. Madrid, España.

Opus Havana, revistas. Colección entre 1990 al 2005.

Oramas, Ángela. *Cementerios de La Habana.* Editorial de Lenguas Extranjeras José Martí, La Habana, 1998.

Palabra Nueva. Colección de la revista católica 1980-1990. Archivo del Instituto de Literatura y Lingüística de Cuba, La Habana, Cuba.

Presencia eterna de Gallegos en La Habana. Panteones de las Sociedades Gallegas en el Cementerio de Colón. Xunta de Galicia. Impreso en Santiago de Compostela, 1998

Rodríguez Ortega, Idania. Expediente Histórico para el Proyecto de Restauración y Conservación de la Galería Tobías. Archivo Necrópolis Cristóbal Colón.

Socarrás Matos, Martín. *La Necrópolis Cristóbal Colón. Investigaciones preliminares.* Editorial Artes y Literatura, La Habana, Cuba, 1985.

Torres Cuevas, Eduardo y Loyola Vega, Oscar. *Historia de Cuba. 1492-1898.* Editorial Pueblo y Educación, La Habana, Cuba, 2001.

Viera, Giorgio y Alonso, Mercedes. *En el umbral del silencio.* Editorial *Grijalbo.* Instituto Cubano del Libro. Impreso en México. 1999.

ANGELA ORAMAS CAMERO

Editorial Letra Viva©

2013

251 Valencia Avenue #253
Coral Gables, FL 33114

www.ingramcontent.com/pod-product-compliance
Lightning Source LLC
Chambersburg PA
CBHW072005090426
42740CB00011B/2090